AF455584

PRÉFACE

Il est reconnu par tous ceux qui peuvent apprécier la tenue des registres de l'état civil et la rédaction des actes qu'ils contiennent, que cette partie du service municipal est loin, généralement, d'avoir atteint le degré de perfection que l'on est en droit d'espérer après une expérience de plus de trois quarts de siècle et avec des règles aussi simples et aussi complètes que celles qui ont été tracées par le Code Napoléon et, avant lui, par la loi du 20 septembre 1792.

Cependant, aux efforts du législateur qui a traité avec tant de soin cet important sujet, qui a indiqué avec tant d'attention toutes les formalités, qui n'a négligé aucuns détails, et qui, pour assurer davantage l'observation exacte de ses prescriptions, a frappé de peines sévères la plupart des irrégularités, à ces efforts, dis-je, sont venus se joindre ceux des administrations centrales et départementales qui, par les avis du Conseil d'État, les circulaires ministérielles, les instructions préfectorales et les observations des parquets, n'ont pas cessé de témoigner de leur constante sollicitude et de leur active vigilance.

Les jurisconsultes et les praticiens sont venus aussi apporter leur concours à l'amélioration de cette branche de l'administration communale, en publiant des commentaires de la loi fondamentale de l'état civil, des traités et des formulaires qui ont été justement appréciés.

Cet ensemble d'efforts n'a pas été sans résultat : les fautes lourdes sont devenues plus rares, les irrégularités de détail ont diminué également, et, dans beaucoup de communes, une forme de rédaction plus digne, plus en rapport avec l'importance du fond, a été substituée à la formule primitive indiquée par un arrêté des consuls du 19 floréal an VIII, développée par une circulaire ministérielle du 15 fructidor an XII, et appliquée, dans le principe, au moyen de canevas imprimés. Mais cet amendement n'est pas complet : il n'est pas, surtout, général : le plus grand nombre des communes rurales y est resté étranger, et les contraventions qui se commettent encore aujourd'hui sont dans des proportions telles que la mesure générale qui prescrit l'abstention de poursuites pour celles constatées par les parquets eux-mêmes, n'a pu être rapportée.

La part modeste qu'assigne à ma qualité de juge de paix l'ordonnance de 1823 dans la vérification des actes de l'état civil, m'a permis, par un contact immédiat et des attributions pratiques, joints à une attention spéciale, de reconnaître certains détails qui ont dû échapper à la vigilance éloignée de l'administration supérieure, aux observations théoriques des auteurs et aux appréciations générales des praticiens qui ont écrit sur les mairies. Elle m'a permis de constater sur place l'influence de leurs travaux et de reconnaître les écueils contre lesquels leurs efforts sont venus se briser.

J'ai pu remarquer, en effet, que la multiplicité des fonctions municipales, l'organisation matérielle des mairies, la fréquence des mutations du personnel et quelquefois son niveau intellectuel, étaient autant d'obstacles qui s'opposaient à l'étude que réclament les instructions administratives, les dissertations des auteurs et les enseignements des formulaires tels qu'ils ont été publiés jusqu'à ce jour.

Ce défaut de travail intellectuel, provenant de circonstances majeures, est un fait constant, un mal reconnu incurable par l'inefficacité du traitement prolongé auquel il a été soumis.

Après m'être pénétré de la situation des choses de l'état civil en remontant des effets aux causes et en comparant les moyens qui ont été employés pour l'améliorer avec les résultats obtenus, j'ai pensé qu'il fallait prendre son parti de l'indifférence très répandue que je viens de signaler, l'accepter plutôt que de chercher à la détruire.

Mais, tout en reconnaissant qu'il était inutile d'attaquer cette difficulté de front, j'ai cru qu'on pouvait la tourner. Il m'a semblé qu'en coordonnant un traité formulaire, de manière à faciliter la connaissance et l'application des formalités des actes de l'état civil et à placer constamment sous les yeux de leurs rédacteurs les principes qui régissent la matière, on pourrait atteindre le but où conduit la voie déserte de l'étude, en suivant seulement le chemin obligé de la pratique ordinaire.

C'est dans l'espoir de satisfaire au programme qui me paraît être commandé par les circonstances, c'est dans le but de vulgariser quand même des règles essentielles que j'ai établi le *Guide de l'officier de l'état civil.*

La méthode que j'ai adoptée pour ce formulaire expliqué se distingue de celle qui a présidé aux autres ouvrages de ce genre, par deux innovations principales : la simplification et ce que j'appellerai la démonstration immédiate, c'est-à-dire l'exposé de la règle et des conséquences de son omission à l'endroit même de l'application.

J'ai commencé par réunir dans une formule unique toutes les formalités, les circonstances, les indications théoriques et les énonciations pratiques relatives à chaque espèce d'acte, après avoir pris pour base de rédaction les errements actuels de la pratique éclairée.

Je me suis attaché ensuite à présenter les principes du droit et les règles de l'application sous une forme d'analyse, avec une méthode de classification et au milieu de dispositions typographiques qui leur permettront, j'espère, de se glisser dans les esprits les moins cultivés et de pénétrer dans les intelligences les plus rebelles à l'application.

Enfin, j'ai pris chaque formalité sur le fait ; j'ai tenu à ce que chaque mot de l'acte fût pesé, mûri, expliqué ; que le rédacteur pût de suite, sans recherche, sans étude, en comprendre le sens, en reconnaître l'utilité et savoir les suites de son omission ; et que cet avertissement répété et gradué pût se produire spontanément dans toutes les parties de l'acte et de manière à frapper son imagination, malgré l'indifférence qu'il pourra lui opposer.

Ne doit-il pas ressortir de l'ensemble de ce procédé nouveau de vulgarisation un contact plus fréquent et une communication plus facile de la loi avec celui qui l'applique, et ne dois-je pas réaliser, avec ces deux moyens qui résument toute la théorie de mon système, l'amélioration que je me suis proposée ?

GUIDE

SIMPLE ET PRATIQUE

DE L'OFFICIER DE L'ÉTAT CIVIL

DIVISION GÉNÉRALE DES MATIÈRES

PREMIÈRE PARTIE

FORMALITÉS GÉNÉRALES DES ACTES

1° Les actes de l'état civil doivent être écrits en français. Décret du 2 thermidor an II et arrêté du gouvernement du 24 prairial an XI.

2° Ils doivent être écrits lisiblement. Ordonnance de juillet 1304 ; arg. de l'art. 13 de la loi du 25 ventôse an XI.

3° Ils ne doivent contenir aucune abréviation. 42 C. N.

4° Les dates seront écrites en toutes lettres. 42 C. N.

5° Les actes seront écrits sans blanc, lacune ni intervalle. 41 C. N. et art. 13 loi 25 ventôse an XI.

6° Ils ne contiendront aucune surcharge. Art. 16 loi 25 ventôse an XI.— La substitution d'un mot à un autre à l'aide du grattoir est assimilée à la surcharge. C. Bruxelles, 28 juillet 1830.

7° Ils seront sans interligne. Art. 16 loi 25 ventôse an XI.

8° Il n'y sera rien ajouté ni par note ni par énonciation quelconque. 35 C. N.

9° Ils seront inscrits de suite sur les registres. 40 et 42 C. N.— L'inscription sur de simples feuilles volantes rendrait l'officier de l'état civil passible des peines portées par les art. 52 C. N. et 192 C. P.

10° Ils seront reçus par l'officier de l'état civil. Arg. art. 35 C. N. — L'officier de l'état civil est de droit le maire de la commune. Arg. des art. 9 et 14 de la loi du 18 juillet 1837.— Le maire peut déléguer tout ou partie de ses fonctions d'officier de l'état civil à un ou plusieurs de ses adjoints, art. 15 loi 18 juillet 1837, et, en l'absence des adjoints, à ceux des conseillers municipaux qui sont appelés à en faire les fonctions d'après l'ordre du tableau. Arg. art. 14 loi 18 juillet 1837 et art. 4 loi 5 mai 1855.— A défaut de délégation ou en cas d'absence et d'empêchement du maire, il est remplacé par l'un de ses adjoints d'après l'ordre des nominations. Art. 4 loi 5 mai 1855. — En cas d'absence ou d'empêchement du maire et des adjoints, le maire est remplacé par un conseiller municipal désigné par le préfet, ou, à défaut de désignation, par le conseiller municipal le premier disponible en suivant l'ordre du tableau dressé d'après le nombre des suffrages obtenus. Art. 4 loi 5 mai 1855. — Des adjoints spéciaux peuvent être nommés et chargés du service de l'état civil dans les sections dont les communications sont interrompues avec le chef-lieu de la commune. § 2 de l'art. 3 loi 5 mai 1855. — Il est important de bien se pénétrer des principes qui règlent le choix des fonctionnaires municipaux chargés de l'état civil. C'est là que réside le point capital de la grave question de la compétence. Pour ce qui regarde les mariages en particulier, l'art. 191 C. N. déclare nuls ceux qui n'ont pas été célébrés devant l'officier de l'état civil compétent.

11° Ils seront reçus en la maison commune. Arg. 75 C. N. — Il n'y a d'exception à cette règle générale que pour les naissances, lorsque la translation de l'enfant à la maison commune pourrait présenter des dangers, art. 6 loi 20 septembre 1792, et pour les mariages, lorsque l'un des futurs est retenu chez lui par une maladie grave. Instruct. ministér. just. 3 juillet 1811.

12° Ils énonceront la date à laquelle ils seront reçus. 34 C. N. — L'année, le mois et le jour doivent être ceux indiqués par le calendrier grégorien, rétabli par un sénatus-consulte du 22 fructidor an XIII. La date de l'acte doit être en tête, ce qui donne aux actes de l'état civil la forme des procès-verbaux. Arg. 34 C. N.

13° Ils contiendront les prénoms, nom, âge, profession et domicile de tous ceux qui y seront dénommés. 34 C. N. — Les prénoms et le nom doivent être ceux portés dans l'acte de naissance que l'on fera bien de consulter toutes les fois que cela sera possible. Art. 1er loi 6 fructidor an II et arg. de l'art 322 C. N. — La loi du 6 fructidor an II déclare passibles de peine d'emprisonnement et d'amende les parties qui porteraient d'autres noms et prénoms que ceux de leur acte de naissance, et de peine de destitution les fonctionnaires qui désigneraient autrement les citoyens dans les actes. — Le domicile de tout Français est au lieu où il a son principal établissement. 102 C. N. — La femme mariée n'a point d'autre domicile que celui de son mari. Le mineur non émancipé aura son domicile chez ses père et mère ou tuteur; le majeur interdit aura le sien chez son tuteur. 108 C. N. — Les majeurs qui servent ou travaillent habituellement chez autrui, auront le même domicile que la personne qu'ils servent ou chez laquelle ils travaillent lorsqu'ils demeureront avec elle dans la même maison. 109 C. N. — On devra s'abstenir de faire mention de titres nobiliaires ou honorifiques qui ne seraient pas justifiés. Art. 259 C. P., modifié par la loi du 28 mai 1858.

14° Les parties, à l'exception des époux, dans les actes de mariage, peuvent se faire représenter par des mandataires en vertu de procurations spéciales et authentiques. 36 C. N.

15° Les témoins seront majeurs et mâles. Ils seront choisis par les parties. 37 C. N. — Il n'y a d'exclusion pour être témoins, dans ceux qui sont majeurs et mâles, que pour les individus condamnés à la peine des travaux forcés, à la détention, à la réclusion et au bannissement, peines emportant dégradation civique, art. 28 et 34 C. P., — et pour ceux expressément privés du droit d'être témoins, par jugement en vertu du § 7 de l'art 42 C. N. Ainsi les témoins peuvent être étrangers, pourvu qu'ils réunissent les conditions exigées par l'art. 37 C. N. Cela résulte du rapprochement de cet article avec l'art. 980 du même Code. Les faux témoins sont passibles des peines portées par les art. 363 et 365 C. P.

16° Les actes ne contiendront que ce qui aura été déclaré par les parties. 35 C. N. — L'officier de l'état civil ne doit rien changer ni ajouter aux déclarations des comparants lorsqu'elles sont du nombre de celles que la loi autorise. Duranton, t. Ier, p. 208, no 286. — Les déclarations que la loi ne permet pas et que l'officier de l'état civil ne doit pas recevoir sont celles qui ont pour objet, d'une part, de faire connaître dans un acte quelconque de l'état civil le nom du père d'un enfant naturel lorsqu'il n'a pas fait de reconnaissance régulière ou qu'il n'est pas présent ou représenté à l'acte, arg. 340 C. N.; — et, d'autre part, de reconnaître ou d'indiquer la filiation paternelle et maternelle d'un enfant né d'un commerce incestueux ou adultérin. Arg. 335 et 342 C. N.

17° Ils seront lus par l'officier de l'état civil aux parties et aux témoins. Ils contiendront mention de l'accomplissement de cette formalité. 38 C. N.

18° Ils seront signés par l'officier de l'état civil, les parties et les témoins, ou mention sera faite de la cause qui empêchera les parties et les témoins de signer. Mention sera faite également des signatures. 39 C. N. — La signature est une formalité essentielle des actes : c'est le signe du consentement; jusque là il n'y a que projet. Toullier, t. VIII, p. 344. — La signature des parties, des déclarants et des témoins est apposée immédiatement et en présence de l'officier de l'état civil qui, en donnant l'authenticité à l'acte qu'il reçoit, doit être certain de la sincérité des signatures qui y sont apposées. La signature de l'officier de l'état civil est le complément, la perfection de l'acte; elle confère l'authenticité et, sans elle, l'acte est privé de la formalité la plus importante.

19° Les renvois et les ratures seront approuvés par des signatures spéciales. 42 C. N. — Il convient de placer les renvois et l'approbation des ratures à la fin de l'acte, immédiatement après les signatures de l'acte, afin de laisser entière la marge qui est destinée à recevoir les mentions que pourraient nécessiter les actes ou les événements ultérieurs. Cela fait, au surplus, l'objet d'une circulaire du ministre de la justice. Chaque renvoi et chaque approbation de rature doit être signée de la même manière que le corps de l'acte. 42 C. N. — Remarquons, à l'endroit des renvois et des ratures, que l'art. 42 C. N. exige des signatures et que, contrairement à ce qui a lieu pour les actes notariés et les actes sous seings privés, de simples paraphes seraient insuffisants pour les actes de l'état civil.

20° Les pièces produites devront être timbrées avant qu'il en soit fait usage. Art. 19 loi 13 brumaire an VII. — Les expéditions d'actes de l'état civil, de jugements et d'actes notariés produites, devront être écrites sur timbre de dimension et d'un format au moins égal à celui appelé moyen papier ou papier de dimension. Art. 19 loi 13 brumaire an VII. — Les extraits ou certificats de publication de mariage, d'affiche et de non-opposition peuvent être délivrés sur une demi-feuille de petit papier dit papier de minute. Décision ministre des fin. 27 octobre 1807. — Les pièces qui auraient pu être délivrées sur papier libre, telles que les dispenses du chef de l'Etat pour les mariages de ceux qui n'ont pas atteint l'âge voulu et pour ceux qui sont parents ou alliés aux degrés d'oncle et nièce, beau-frère et belle-sœur, les autorisations pour les mariages des militaires, les actes écrits ou délivrés à l'étranger, seront, avant d'être produites à l'officier de l'état civil, visées pour timbre. Les pièces nécessaires au mariage des indigents, à la légitimation de leurs enfants naturels ou au retrait de ces enfants déposés dans les hospices, seront visées pour timbre et enregistrées gratis lorsqu'il y aura lieu à enregistrement, art. 1er loi 10 décembre 1850, — le tout sur la production d'un certificat d'indigence. Art. 6 de la même loi.

21° Elles devront être légalisées. 45 C. N. — Pour les expéditions d'actes de l'état civil la légalisation est une formalité qui est toujours nécessaire, quels que soient les rapports de circonscription existant entre la commune où les pièces ont été délivrées et celle où il en est fait usage. Arg. 45 C. N. — La légalisation, pour les actes de l'état civil, a lieu par le président du tribunal civil ou par l'un des juges, 45 C. N.,— ou encore par le juge de paix du canton, lorsque ce dernier ne siége pas au chef-lieu du ressort du tribunal de première instance. Art. 1er loi 4 mai 1861. — La légalisation des expéditions ou brevets délivrés par les notaires est nécessaire : pour ceux délivrés par les notaires près les Cours impériales lorsqu'il en sera fait usage hors du ressort de la Cour, et pour ceux délivrés par les autres notaires lorsqu'il en sera fait usage hors de leur département. Art. 28 loi 25 ventôse an XI. — Elle a lieu, pour les actes des notaires, par le président du tribunal de première instance ou par l'un des juges, art. 28 loi 25 ventôse an XI,— ou encore par le juge de paix du canton lorsque ce dernier ne siége pas au chef-lieu du ressort du tribunal civil. Art. 1er loi 4 mai 1861. — Les jugements ne se légalisent pas, sauf ceux qui doivent servir en pays étrangers. — Les actes venant des colonies doivent, après avoir été légalisés par l'autorité ordinaire, être visés par le gouverneur de la colonie, et après par le ministère de la marine. Ord. roy. 21 août 1825, 9 février 1827 et 27 août 1828. — Les actes venant de l'étranger doivent être légalisés d'abord dans le pays par l'ambassadeur ou autre ministre de France, et ensuite en France au ministère des affaires étrangères. Ord. roy. 25 octobre 1833.

22° Les pièces produites écrites en langues étrangères devront être traduites par les traducteurs assermentés que les administrations ont désignés dans tous les lieux où on veut faire usage de ces pièces. Ord. roy. 28 mai 1818, 26 juillet 1824, 20 mars 1810 et 25 octobre 1833.

23° Toutes les pièces produites seront paraphées par celui qui les aura produites et par l'officier de l'état civil. Elles demeureront annexées aux actes de l'état civil et seront déposées au greffe du tribunal avec le double des registres dont le dépôt doit avoir lieu audit greffe. 44 C. N.

24° Les actes seront numérotés en marge, et au-dessous de chaque numéro on devra inscrire les noms de ceux pour lesquels l'acte placé en regard a été dressé. Arg. art. 1er ord. roy. 26 novembre 1823 et Inst. min. just. 31 décembre 1823.

25° Ils sont dispensés de la formalité de l'enregistrement. N° 8, § 3, art. 70 loi 22 frimaire an VII.

26° Les faux dans les actes donneront lieu à des dommages-intérêts envers les parties et à l'application de la peine des travaux forcés contre l'officier de l'état civil. 52 C. N.; 145, 146 et 147 C. P.

27° Les rectifications d'actes de l'état civil seront prononcées par les tribunaux. 99 C. N. — Les jugements de rectification seront inscrits sur les registres, et mention en sera faite en marge de l'acte rectifié. 101 C. N.

28° Les mentions autorisées par la loi devront avoir lieu en marge de l'acte, à la requête des parties intéressées. 49 C. N. — Les cas où des actes relatifs à l'état civil doivent être mentionnés en marge d'un autre acte déjà inscrit, sont prévus par le Code Napoléon dans les articles : 62 pour les reconnaissances d'enfants, 67 pour les oppositions à mariage et les mainlevées d'opposition, 101 pour les rectifications ordonnées par jugement, 331, 332 et 333 pour les légitimations par mariage d'enfants naturels, 359 pour les adoptions.

29° Les actes omis et les déclarations tardives ne peuvent être inscrits qu'en vertu d'un jugement. Avis du Cons. d'Etat du 12 brumaire an XI.

30° La confection des actes de l'état civil et leur inscription sur les registres sont gratuites. Art. 4 décret 12 juillet 1807. Il n'est dû de droit que pour la délivrance des expéditions et pour celle des certificats de publications de mariage. — Le concussionnaire est passible des peines portées par les art. 174 et 177 C. P.

31° La contravention à diverses formalités générales donnera lieu à des poursuites devant le tribunal de première instance et sera punie d'une amende de 100 fr. au plus. 50 C. N. — Les contraventions ou délits seront dénoncés par le procureur impérial. 53 C. N.

32° Les jugements du tribunal de première instance sur les actes de l'état civil seront sujets à appel. 54 C. N.

33° Les Français en pays étrangers ont le choix, pour la réception des actes de l'état civil, de s'adresser ou aux fonctionnaires compétents du pays ou aux agents diplomatiques et consuls français. 47 et 48 C. N.—Quant aux militaires hors du territoire de l'empire, des officiers spéciaux sont chargés de recevoir les actes de l'état civil qu'ils auront à faire dresser. 88 à 98 C. N.

34° Il est défendu, sous peine d'amende et d'emprisonnement, aux officiers de l'état civil de faire mention, dans les actes qu'ils reçoivent, des cérémonies religieuses ou d'exiger la preuve qu'elles ont été observées. Art. 21 décret du 7 vendémiaire an IV.

DEUXIÈME PARTIE

FORMALITÉS GÉNÉRALES DES REGISTRES

1° Les registres de l'état civil seront tenus doubles, ceux des publications de mariage exceptés. 40 et 63 C. N.

2° Ils seront divisés en trois parties : la première pour les naissances, la seconde pour les mariages et la troisième pour les décès. Ils pourront cependant être réunis en un seul volume. 42 C. N. — Dans l'un et l'autre cas, un registre spécial est réservé pour les publications de mariage. 63 C. N.

3° Ils seront cotés et paraphés par le président ou l'un des juges du tribunal de première instance. 45 C. N.

4° Ils seront tenus jour par jour. 42 C. N.

5° Ils ne contiendront aucun blanc. 42 C. N.

6° Ils seront clos et arrêtés au 31 décembre de chaque année. 43 C. N.—La clôture sera écrite immédiatement après les signatures du dernier acte ; il ne doit pas exister plus de blanc entre la clôture et le dernier acte qu'entre les actes eux-mêmes.

7° Ils seront renouvelés chaque année. Arg. 43 C. N.

8° Ils seront suivis de tables annuelles et alphabétiques. Décret 20 juillet 1807. — Les tables annuelles seront faites par l'officier de l'état civil dans le mois qui suivra la clôture du registre de l'année précédente, c'est-à-dire dans le mois de janvier ; elles seront annexées à chacun des doubles des registres ; elles seront faites sur papier timbré et certifiées par l'officier de l'état civil. Décret 20 juillet 1807. — Il n'est point exigé de table pour le registre des publications de mariage. Claparède, p. 15.

9° Ils seront déposés dans le mois qui suivra l'expiration de l'année : l'un des doubles au greffe du tribunal et l'autre aux archives de la mairie. 43 C. N. — Les pièces annexées aux actes seront jointes au double destiné au greffe du tribunal. 44 C. N. — Le registre unique contenant les actes de publications de mariage sera déposé au greffe du tribunal. 63 C. N. — Le dépôt se fait directement au greffe ou par l'entremise du procureur impérial. Inst. min. just. 31 décembre 1823 ; ordonnance 14 décembre 1825. — Il n'est rien dû au greffier pour le dépôt. Circulaire ministérielle 24 septembre 1808.

10° Une table générale alphabétique sera dressée tous les dix ans par le greffier du tribunal. Art. 1er et 3 décret 20 juillet 1807.

11° Les registres seront vérifiés par le procureur impérial : annuellement au parquet, 53 C. N., — et accidentellement à la mairie. Art. 3 ord. 26 novembre 1823. — Les juges de paix doivent aussi veiller à la bonne tenue des registres de l'état civil. Circ. min. just. 15 octobre 1852.

12° Les actes préparés et non consommés seront bâtonnés. Une mention écrite en marge de chacun indiquera les causes de son imperfection. Cette mention sera signée par l'officier de l'état civil.

13° La conservation des registres est confiée aux officiers de l'état civil, dépositaires responsables. Arg. art. 9, 14 et 15 loi 18 juillet 1837, 43 et 51 C. N. — Les altérations des registres, leurs suppression, destruction, soustraction ou détournement rendent l'officier de l'état civil passible des peines portées par les art. 51 et 52 C. N., 145, 173, 254, 255 et 256 C. P.

14° Les registres sont publics, 45 C. N., — et toute personne peut s'en faire délivrer des extraits. 45 C. N.

15° Les actes y seront inscrits de manière à laisser une marge de la largeur du quart de la page. Arg. 49 C. N.

16° Les registres ne pourront être sortis de la maison commune que dans les cas prévus par la loi, c'est-à-dire lorsqu'il s'agira de la constatation de la naissance d'un enfant dont la translation en la maison commune pourrait présenter des dangers à cause de l'état de sa santé, arg. loi 20 septembre 1792, — lorsque, pour la célébration d'un mariage, l'officier de l'état civil sera obligé de se transporter au domicile de l'un des époux par suite de l'impossibilité où serait ce dernier de se rendre en la maison commune, inst. min. just. 3 juillet 1811, — et lorsqu'un acte de l'état civil étant argué de faux, un jugement aura ordonné le transport au greffe du registre sur lequel il est inscrit. Art. 1er et 2 ordon. 18 août 1819.

17° Ils seront timbrés. Art. 12 loi 13 brumaire an VII, et art. 62 loi 28 avril 1816. — L'obligation du timbre s'étend aux tables annuelles et décennales. L'empreinte du timbre ne pourra être couverte d'écriture ni altérée. Art. 21 loi 13 brumaire an VII.

18° Les dépenses qu'ils occasionneront seront supportées par la commune. § 4 loi 11 frimaire an VII.

19° Les registres en blanc seront adressés par le préfet au maire dans la première quinzaine du mois de décembre qui précédera l'année à laquelle ils sont destinés. Art. 2 loi 20 septembre 1792. — Si les registres envoyés sont insuffisants soit pour l'inscription des actes de l'année, soit pour la confection des tables annuelles, l'officier de l'état civil doit demander au préfet des feuilles supplémentaires qui, comme les autres, seront cotées et paraphées par le président du tribunal ou l'un des juges.

20° En cas de perte ou de non existence des registres, la preuve en sera reçue tant par titres que par témoins ; et alors les mariages, naissances et décès pourront être prouvés tant par les registres et papiers émanés des pères et mères décédés que par témoins. 46 C. N.

21° Enfin les registres devront être reliés, inst. min. just. 31 décembre 1823, — ou recouverts de carton ou de fort papier.

TROISIÈME PARTIE

FORMALITÉS GÉNÉRALES DES EXPÉDITIONS

1° Les expéditions des actes de l'état civil peuvent être requises par toute personne. 45 C. N. — Le refus par l'officier de l'état civil de délivrer l'extrait ou l'expédition requis, pourra donner lieu à la procédure établie par les art. 839 et 840 C. proc. civ.

2° Elles doivent être délivrées et signées par l'officier de l'état civil ou par le greffier du tribunal de première instance, autre dépositaire. 45 C. N.

3° Elles doivent être légalisées et elles font foi jusqu'à inscription de faux. 45 C. N. — La légalisation a lieu par le président du tribunal de première instance, ou l'un des juges de l'arrondissement, 45 C. N., — ou par le juge de paix du canton, lorsque ce dernier ne siége pas au chef-lieu du ressort du tribunal de première instance. Art. 1er loi 4 mai 1861. — Les expéditions destinées aux colonies doivent, après la légalisation ordinaire, être visées par le garde des Sceaux, et celles à produire en pays étrangers seront, en outre, visées par le ministre des affaires étrangères. Ordonnance 23 octobre 1833.

4° Elles doivent contenir la copie littérale de l'acte et des mentions régulièrement mises en marge. Avis du Cons. d'Etat 4 mars 1808 ; 857 C. proc. civ.

5° Elles doivent être écrites sur papier timbré et sur des feuilles dites de moyen papier. Art. 19 loi 13 brumaire an VII, et art. 63 loi 28 avril 1816. — La disposition relative à l'emploi de feuilles dites de moyen papier ne s'applique pas aux affiches de mariage, aux certificats de publication, d'affiche et de non-opposition, lesquels peuvent être écrits sur des feuilles ou demi-feuilles dites de petit papier. Art. 12 loi 13 brumaire an VII, et décision ministérielle du

16 septembre 1807. — Sont exemptes du timbre les expéditions délivrées : 1° pour les engagements volontaires des militaires de terre et de mer, art. 16 loi 13 brumaire an VII; — 2° pour les justifications d'exemption à la loi du recrutement, id.; — 3° pour le service d'une administration publique, id.; — 4° pour le mariage des indigents, pour la légitimation de leurs enfants naturels ou pour le retrait de ces enfants déposés dans les hospices, art. 1er et 4 loi 10 décembre 1850; — 5° enfin pour les indigents en général, art. 80 loi 15 mai 1818; — mais alors il est fait mention dans l'expédition même délivrée sur papier libre de la circonstance qui a donné lieu à l'exemption du timbre, c'est-à-dire de la destination de l'expédition. Art. 16 loi 13 brumaire an VII. — Les expéditions ne pourront contenir plus de 25 lignes par page, compensation faite d'une page ou d'une feuille à l'autre. Art. 20 loi 13 brumaire an VII. — Les contraventions à la loi sur le timbre, en matière d'expédition, sont punies de l'amende fixée par les nos 2, 4 et 5 de l'art. 26 de la loi du 13 brumaire an VII, et l'art. 10 de la loi du 17 juin 1824. — Est assimilée, pour l'amende, à l'expédition délivrée sur papier libre celle qui est écrite à la suite d'une autre expédition ou sur une feuille ayant déjà servi. N° 5 art. 26 loi 13 brumaire an VII, et art. 10 loi 17 juin 1824.

6° Enfin il est alloué aux communes, pour les expéditions d'actes de l'état civil, un droit de copie ainsi fixé par le décret du 12 juillet 1807 : premièrement, dans les villes ou communes au-dessous de 50,000 âmes : pour chaque expédition d'acte de naissance, de décès et de publication de mariage, 30 centimes; pour chaque expédition d'acte de mariage ou d'adoption, 60 centimes. — Deuxièmement, dans les villes de 50,000 âmes et au-dessus : pour chaque expédition d'acte de naissance, de décès et de publication de mariage, 50 centimes; pour chaque expédition d'acte de mariage et d'adoption, 1 fr. — Troisièmement enfin, à Paris : pour chaque expédition d'acte de naissance, de décès et de publication de mariage, 75 centimes, et pour chaque expédition d'acte de mariage et d'adoption, 1 fr. 50. — La taxe de toutes les expéditions d'actes de l'état civil requises pour les mariages des indigents est réduite pour toutes les communes indistinctement à 30 centimes, lorsqu'il n'y aura pas lieu à légalisation, et à 50 centimes lorsque cette formalité devra être remplie. Art. 10 loi 10 décembre 1850. — Il est défendu d'exiger d'autres droits, art. 12 juillet 1807, — sous les peines portées, pour la concussion, par les art. 174 et 177 C. P.

QUATRIÈME PARTIE

PROTOCOLE DES ACTES, DES REGISTRES ET DES EXPÉDITIONS DES ACTES

DIVISION. — CHAPITRE PREMIER, PROTOCOLE DES ACTES; CHAPITRE DEUXIÈME, PROTOCOLE DES REGISTRES; CHAPITRE TROISIÈME, PROTOCOLE DES EXPÉDITIONS DES ACTES.

CHAPITRE PREMIER. — PROTOCOLE DES ACTES

SOMMAIRE : § 1er Intitulé; § 2 Clôture; § 3 Arrêté contenant délégation; § 4 Mention des paraphes à mettre sur les pièces produites; § 5 Acte de transcription; § 6 Mention à mettre en marge des actes.

LOI QUI PRESCRIT LA FORMALITÉ	LOI QUI PUNIT L'OMISSION	INDICATION SOMMAIRE DES FORMALITÉS	FORMULE
		§ 1er Intitulé.	
		1° DATE DE L'ACTE.	
34 C. N.	50 C. N.	La date est une formalité essentielle de l'acte.	
S.-C. 22 fruct. an XIII.		Elle sera celle indiquée par le calendrier grégorien.	
42 C. N.	50 C. N.	Elle sera écrite en toutes lettres.	

LOI QUI PRESCRIT LA FORMALITÉ	LOI QUI PUNIT L'OMISSION	INDICATION SOMMAIRE DES FORMALITÉS	FORMULE
Arg. 34 C. N.		Elle sera placée en tête de l'acte.	
		Elle comprendra :	
34 C. N.	50 C. N.	l'année,	*L'an mil huit cent soixante-huit,*
Id.	Id.	le mois,	*le vingt-neuf octobre,*
Id.	Id.	le jour,	
Id.	Id.	l'heure,	*à onze heures du matin,*
Id.	Id.	et le lieu.	*en notre maison commune,*
Arg. 75 C. N. Art. 6 loi 20 sept. 1792.		Le lieu de la réception de l'acte est de droit en la maison commune, sauf pour les naissances d'enfants, dont la translation en la maison commune pourrait présenter des dangers,	ou au domicile du sieur... où nous avons dû nous transporter à cause des dangers que pourrait présenter la translation en la maison commune de l'enfant ci-après,
Inst. min. just. 3 juil. 1811.		et pour les mariages, lorsque l'un des futurs époux est retenu chez lui par une maladie grave...	ou à cause de la maladie grave du futur époux (ou de la future épouse) retenu chez lui,
		2° PARDEVANT. OFFICIER DE L'ÉTAT CIVIL.	*Pardevant nous*
34 C. N.	50 C. N.	prénom,	*Édouard*
Id.	Id.	nom,	*G...*
Arg. 9 et 14 loi 18 juil. 1837.		qualité de maire. (Le maire est de droit l'officier de l'état civil de sa commune.)	*maire*
Art. 15 loi 18 juil. 1837.		ou d'adjoint délégué. (Le maire peut déléguer tout ou partie de ses fonctions d'officier de l'état civil à un ou plusieurs de ses adjoints.)	ou adjoint délégué par le maire
C. m. i. 30 juil. et I. m. j. 27 août 1807.		Date de l'arrêté de délégation.	suivant arrêté en date du...
34 C. N.	50 C. N.	L'écrire en toutes lettres.	
		ou d'adjoint remplaçant le maire absent ou empêché.	
Art. 4 loi 5 mai 1855.		A défaut de délégation et en cas d'absence ou d'empêchement du maire, il est remplacé par l'un de ses adjoints, d'après l'ordre des nominations.	ou adjoint unique
		Adjoint unique	ou premier adjoint remplaçant le maire absent ou empêché
		1er adjoint	
		2e adjoint	ou deuxième adjoint remplaçant le maire et le premier adjoint absents ou empêchés
		etc., etc.	ou troisième adjoint, etc.
Art. 4 loi 5 mai 1855.		ou de conseiller municipal désigné par le préfet, remplaçant le maire et les adjoints absents ou empêchés.	ou conseiller municipal désigné par le préfet, par suite de l'absence ou l'empêchement du maire et des adjoints,
C. m. i. 30 juil. et I. m. j. 27 août 1807.		Date de l'arrêté préfectoral.	suivant arrêté en date du
34 C. N.	50 C. N.	L'écrire en toutes lettres.	
Art. 4 loi 5 mai 1855.		En cas d'absence ou d'empêchement du maire et des adjoints, le maire est remplacé par un conseiller municipal désigné par le préfet.	
Art. 14. 18 jt. 1837 et art. 4 l. 5 mai 1855.		ou de conseiller municipal, délégué par le maire en l'absence d'adjoints et en l'absence de désignation par le préfet.	ou premier conseiller municipal délégué, à défaut d'adjoints et de désignation par le préfet, par le

LOI QUI PRESCRIT LA FORMALITÉ	LOI QUI PUNIT L'OMISSION	INDICATION SOMMAIRE DES FORMALITÉS	FORMULE
Art. 14 loi 18 juil. 1837 et art. 4 loi 5 5 mai 1855.		Le maire peut déléguer ses fonctions à un membre du conseil municipal, lorsque les adjoints sont absents ou empêchés, mais il doit suivre l'ordre du tableau.	maire suivant arrêté en date du...
		1er conseiller municipal	
		2e conseiller municipal à défaut du premier etc., etc.	ou deuxième conseiller municipal délégué, à défaut d'adjoints et du premier conseiller municipal et de désignation...
C. m. i. 30 jt. et I. m. j. 27 août 1807.		Date de l'arrêté du maire.	
34 C. N.	50 C. N.	L'écrire en toutes lettres.	
Art. 5 loi 5 mai 1855.		ou de conseiller municipal remplaçant, à défaut de désignation par le préfet et de délégation par le maire, le maire et les adjoints absents ou empêchés.	ou premier conseiller municipal remplaçant, à défaut de désignation par le préfet et de délégation par le maire, le maire et les adjoints absents ou empêchés.
Art. 5 loi 5 mai 1855.		En cas d'absence ou d'empêchement du maire et des adjoints, et à défaut de désignation par le préfet et de délégation par le maire, le maire est remplacé par le conseiller municipal le premier dans l'ordre du tableau.	
		1er conseiller municipal.	
		2e conseiller municipal à défaut du premier, etc., etc.	ou second conseiller municipal remplaçant, à défaut de désignation par le préfet et de délégation par le maire, le maire, les adjoints et le premier conseiller municipal absents ou empêchés.
Art. 3 loi 5 mai 1855.		ou d'adjoint spécial pour une section ne pouvant pas communiquer avec le chef-lieu de la commune.	ou adjoint spécial pour la section de...
Id.		Lorsque les communications d'une section de commune avec le chef-lieu sont interrompues, il peut être nommé un adjoint spécial qui, pour cette section, remplit les fonctions d'officier de l'état civil.	dont les communications avec le chef-lieu de la commune sont actuellement interrompues.
		faisant les fonctions d'officier de l'état civil	*faisant les fonctions d'officier de l'état civil*
		commune ou ville	*de la commune de...* ou ville de...
		canton,	*canton de...*
		arrondissement,	*arrondissement de...*
		département,	*département de...*
		3° COMPARUTION DES PARTIES OU TÉMOINS DÉCLARANTS	A (ou ont) *comparu*
34 C. N.	50 C. N.	prénom,	*M. Jacques-Édouard*
Id.	Id.	nom,	*B...*
Art. 1 loi 6 fruc. an II, 322 C. N.		Les nom et prénoms seront ceux qui sont portés dans l'acte de naissance de la personne dénommée.	
		Titre nobiliaire.	*baron de V...*
259 C. P.		Devra être justifié pour être mentionné.	
		Titres honorifiques.	
Id.		Ils devront être également justifiés pour être mentionnés.	
		Décorations françaises.	*commandeur de l'ordre impérial de la Légion-d'Honneur,*
		Décorations étrangères.	*grand'croix de l'Aigle rouge de Prusse,*

LOI QUI PRESCRIT LA FORMALITÉ	LOI QUI PUNIT L'OMISSION	INDICATION SOMMAIRE DES FORMALITÉS	FORMULE
Art. 2 loi 13 juin 1833.		Outre la justification de l'obtention, les décorations étrangères devront, pour être mentionnées, avoir reçu l'autorisation du chef de l'Etat français.	
34 C. N.	50 C. N.	âge,	*âgé de ... ans,*
42 C. N.	Id.	en toutes lettres.	
34 C. N.	Id.	profession,	*propriétaire,*
		La profession est l'état, le métier ou l'emploi d'une personne.	
Id.	Id.	domicile,	*demeurant*
102 C. N.		Le domicile de tout Français est au lieu où il a son principal établissement.	
108 C. N.		La femme mariée n'a point d'autre domicile que celui de son mari.	
Id.		Le mineur non émancipé aura son domicile chez ses père et mère ou tuteur.	
Id.		Le majeur interdit aura le sien chez son tuteur.	
		commune ou ville,	*en la commune* (ou ville) *de...*
		hameau ou rue,	*au hameau* (ou rue) *de...*
		maison ou n°.	*dans la ferme de...* (ou n°)
		OU COMPARUTION D'UN MANDATAIRE.	*A comparu*
		Mandataire, dénomination (V. la comparution des parties),	*M.*
34 C. N.	50 C. N.	prénom,	*Marcel*
Id.	Id.	nom,	*D...*
Id.	Id.	âge,	*âgé de ... ans,*
Id.	Id.	profession,	*notaire,*
Id.	Id.	domicile,	*demeurant en la*
		commune ou ville,	*commune* (ou ville) *de...*
		hameau ou rue,	*au hameau* (ou rue) *de...*
		maison ou n°,	*dans la ferme de...* (ou n°)
		qualité de mandataire,	*agissant au nom et comme mandataire de M.*
		mandant, dénomination (V. la comparution des parties.)	
34 C. N.	50 C. N.	prénom,	*Louis*
Id.	Id.	nom,	*P...*
Id.	Id.	âge,	*âgé de ... ans,*
Id.	Id.	profession,	*propriétaire,*
Id.	Id.	domicile,	*demeurant en la commune*
		commune ou ville,	(ou ville) *de...*
		hameau ou rue,	*au hameau* (ou rue) *de...*
		maison ou n°,	*dans la ferme de...* (ou n°)
		procuration,	*aux termes d'une procuration spé-*
36 C. N.	50 C. N.	Elle doit être spéciale,	*ciale pour les présentes, passée de-*
Id.	Id.	et notariée,	*vant M° ..., notaire à...*
Art. 9 loi 25 vent. an XI.		reçue par un notaire, en présence de deux témoins	*en présence de témoins*
Id.		ou reçue par un notaire assisté de son collègue.	ou devant M° ... et l'un de ses collègues, notaires à...
42 C. N.	Id.	Date, en toutes lettres,	*le...*
		enregistrement,	*enregistrée le...*
44 C. N.	Id.	production de la procuration,	*dont il nous a été produit*
		le brevet	*le brevet*
		ou l'expédition,	ou une expédition

LOI QUI PRESCRIT LA FORMALITÉ	LOI QUI PUNIT L'OMISSION	INDICATION SOMMAIRE DES FORMALITÉS	FORMULE
Art. 28 loi 25 vent. an XI.		Légalisation.	*dûment légalisé*
		La légalisation est nécessaire s'il est fait usage de la procuration hors du ressort de la Cour impériale ou du département où elle a été reçue.	
44 C. N.	50 C. N.	Paraphe de la pièce	
Id.	Id.	par celui qui l'a produite,	*lequel* (ou laquelle) *vient d'être paraphé par le mandataire*
Id.	Id.	et par l'officier de l'état civil,	*et par nous,*
Id.	Id.	son annexe.	*pour rester annexé au présent acte.*
		§ 2. Clôture.	
		1° Dont acte.	*Dont acte.*
38 C. N.	50 C. N.	2° Mention de la lecture.	*lu*
Id.	Id.	par l'officier de l'état civil,	*par nous*
Id.	Id.	aux parties comparantes,	*aux parties comparantes*
Id.	Id.	et aux témoins.	*et aux témoins*
39 C. N.	Id.	3° Mention des signatures.	*et signé*
Id.	Id.	des parties comparantes,	*par les parties comparantes,*
Id.	Id.	des témoins,	*par les témoins*
Id.	Id.	et de l'officier de l'état civil.	*et par nous officier de l'état civil,*
Id.	Id.	ou mention des causes qui ont empêché les parties, les témoins ou l'un d'eux de signer : le défaut de connaissance, ou les infirmités : la cécité, une grande faiblesse ou un tremblement nerveux de la main droite.	sauf le sieur ..., comparant (ou témoin) qui a déclaré ne savoir signer ou ne pouvoir signer par suite de...
39 C. N.	50 C. N.	4° Signatures.	(*suivent les signatures :*)
Id.	Id.	des parties comparantes, } à moins de déclaration de ne savoir ou de ne pouvoir signer.	*des parties comparantes*
Id.	Id.	des témoins, }	*des témoins*
Id.	Id.	et de l'officier de l'état civil.	*et de l'officier de l'état civil.*
42 C. N.	Id.	signer et faire signer, en même temps et de la même manière, chaque renvoi et chaque approbation de rature.	
		La signature est une formalité essentielle des actes.	
		§ 3. Arrêté contenant délégation.	
		1° Date de l'arrêté.	
		année,	*L'an mil huit cent soixante-huit*
		mois,	*le premier décembre*
		jour,	
		heure,	*à dix heures du matin,*
		2° Maire.	*nous,*
		prénom,	*Louis*
		nom,	*P...*
		qualité de maire.	*maire*
		commune ou ville,	*de la commune* (ou ville) *de...*
		canton,	*canton de...*
		arrondissement,	*arrondissement de...*
		département.	*département de ...*
		3° Délégation.	*avons délégué*
		prénom du délégataire,	*M. Marcelin*

LOI QUI PRESCRIT LA FORMALITÉ	LOI QUI PUNIT L'OMISSION	INDICATION SOMMAIRE DES FORMALITÉS	FORMULE
		nom du délégataire,	*D...*
		qualité d'adjoint.	*notre*
		unique,	unique
		1er, 2e, etc.	ou premier, ou second, etc.
Art. 15 loi 18 juill. 1837.		Le maire peut déléguer ses fonctions d'officier de l'état civil à un ou plusieurs de ses adjoints.	*adjoint*
Art. 14 loi 18 juill. 1837 et art. 4 loi 5 mai 1855.		ou qualité de 1er conseiller municipal. En l'absence d'adjoints, le maire peut déléguer ses fonctions à un des conseillers municipaux, qui sont appelés à les remplir, d'après l'ordre du tableau.	ou premier conseiller municipal inscrit d'après l'ordre du tableau.
		Fonctions d'officier de l'état civil, commune,	*pour remplir les fonctions d'officier de l'état civil de ladite commune*
		La délégation est-elle entière?	*dans tous les actes*
		ou partielle?	ou dans les naissances ou dans les décès, etc.
		Est-elle déterminée dans sa durée?	*pendant un an,*
		ou indéterminée?	ou jusqu'à nouvelle décision,
		Date du commencement d'exécution.	*à compter du ...*
		4° CLÔTURE DE L'ARRÊTÉ.	*De quoi nous avons dressé le présent arrêté,*
		mention de la remise d'une expédition au délégataire.	*dont une expédition sera remise au délégataire.*
		mention de la signature du maire.	*et avons signé.*
		5° SIGNATURE DU MAIRE.	(*Signature du maire.*)
		§ 4. Mention de paraphe à mettre sur les pièces produites.	
44 C. N.	50 C. N.	1° MENTION DU PARAPHE.	*Paraphé*
Id.	Id.	par la personne qui a produit la pièce,	*par M.*
		prénom	*Adolphe*
		nom	*C...*
Id.	Id.	et par l'officier de l'état civil.	*qui a produit la présente pièce, et par l'officier de l'état civil de la commune* (ou ville) *de...*
		commune ou ville.	
		2° DATE.	*En la maison commune*
42 C. N.	Id.	L'écrire en toutes lettres.	*de...*
		commune,	
		année,	*le .... du mois de .... de l'année ...*
		mois,	
		jour,	
		heure,	*à neuf heures du soir.*
44 C. N.	Id.	3° PARAPHE.	(*Paraphe de la personne qui a produit la pièce et de l'officier de l'état civil.*)
Id.	Id.	de la personne qui a produit la pièce	
Id.	Id.	et de l'officier de l'état civil.	

LOI QUI PRESCRIT LA FORMALITÉ	LOI QUI PUNIT L'OMISSION	INDICATION SOMMAIRE DES FORMALITÉS	FORMULE
		§ 5. Acte de transcription. SOMMAIRE. 1° Date de l'acte de transcription; 2° Officier de l'état civil; 3° Requérant ou transcription d'office; 4° Transcription; 5° Clôture de l'acte de transcription; 6° Signatures.	
		1° DATE DE L'ACTE DE TRANSCRIPTION. La transcription devra être faite sur les registres de l'état civil, savoir :	
857 C. Pr. C.		I. Pour les jugements de rectification aussitôt après leur réception par l'officier de l'état civil, dépositaire de l'acte rectifié.	
62 C. N.		II. Pour les actes de reconnaissance d'enfant naturel reçus par d'autre que par l'officier de l'état civil dépositaire de l'acte de naissance, à première réquisition faite à ce dernier.	
60 C. N.		III. Pour les actes de naissance en mer, de suite après la réception par l'officier de l'état civil du domicile du père de l'enfant, ou de la mère si le père est inconnu, d'une copie envoyée par le ministre de la marine de l'acte dressé sur le bâtiment.	
93 et 98 C. N.		IV. Pour les actes de naissance à l'armée, hors du territoire de l'empire, de suite après la réception par l'officier de l'état civil du domicile du père de l'enfant, ou de la mère si le père est inconnu, d'un extrait envoyé par le capitaine commandant de l'acte dressé au corps.	
I. m. 8 fév. 1823 et 7 août 1852.		V. Pour les procès-verbaux dressés par les employés de l'hospice à l'égard des enfants qui y ont été exposés, le jour de la réception desdits procès-verbaux, par l'officier de l'état civil de la situation de l'hospice.	
Art. 10 loi 3 mars 1822.		VI. Pour les actes de naissance dressés dans les lazarets, le jour de la réception d'une expédition desdits actes, par l'officier de l'état civil de la commune où est situé l'établissement.	
359 C. N.	359 C. N.	VII. Pour les actes d'adoption, dans les trois mois qui suivront l'arrêt de la Cour qui admettra l'adoption, sous peine de nullité de l'adoption.	
171 C. N.		VIII. Pour les mariages contractés à l'étranger entre Français ou entre Français et étranger, dans les trois mois après le retour du Français sur le territoire de l'empire.	
95 C. N.		IX. Pour les mariages contractés à l'armée par les militaires hors du territoire de l'empire, aussitôt après la réception par l'officier de l'état civil du domicile des époux, d'une expédition de l'acte de mariage, envoyée par l'officier du régiment chargé de la tenue des registres.	
80 et 97 C. N.		X. Pour les décès arrivés hors de la commune du domicile du défunt, dans les hôpitaux militaires ou civils, les prisons, les lazarets et autres maisons publiques, aussitôt après la réception par l'officier de l'état civil du domicile du défunt, d'une expédition de l'acte dressé au lieu du décès.	

LOI QUI PRESCRIT LA FORMALITÉ	LOI QUI PUNIT L'OMISSION	INDICATION SOMMAIRE DES FORMALITÉS	FORMULE
87 C. N.		XI. Pour les décès en mer, de suite après la réception par l'officier de l'état civil du domicile du défunt, d'une expédition de l'acte de décès adressée par le préposé à l'inscription maritime du port où le bâtiment aura abordé.	
97 et 98 C. N.		XII. Enfin pour les décès à l'armée hors du territoire de l'empire, de suite après la réception par l'officier de l'état civil du dernier domicile du défunt, d'une expédition de l'acte dressé au corps.	
		(Pour le surplus, V. le Protocole des actes, § Ier Intitulé, p. 8.)	*L'an* ... (V. le Protocole des actes.)
		2° Officier de l'état civil.	
		L'officier de l'état civil chargé de la transcription, sera :	
857 C. Pr. C.		I. Pour les jugements de rectification, le dépositaire de l'acte rectifié.	
62 C. N.		II. Pour les actes de reconnaissance d'enfant naturel, le dépositaire de l'acte de naissance de l'enfant reconnu.	
60 C. N.		III. Pour les actes de naissance en mer, l'officier de l'état civil du domicile du père de l'enfant, ou de la mère si le père est inconnu.	
93 et 98 C. N.		IV. Pour les actes de naissance à l'armée, hors du territoire de l'empire, l'officier de l'état civil du domicile du père de l'enfant, ou de la mère si le père est inconnu.	
I. m. 8 fév. 1823 et 7 août 1852.		V. Pour les procès-verbaux dressés à l'égard des enfants exposés à l'hospice, l'officier de l'état civil de la situation de l'hospice.	
Art. 10 loi 3 mars 1822.		VI. Pour les naissances dans les lazarets, l'officier de l'état civil de la commune où est situé l'établissement.	
359 C. N.		VII. Pour les actes d'adoption, l'officier de l'état civil du domicile de l'adoptant.	
171 C. N.		VIII. Pour les mariages contractés à l'étranger entre Français et entre Français et étranger, l'officier de l'état civil du domicile du Français.	
95 C. N.		IX. Pour les mariages contractés à l'armée par les militaires hors du territoire de l'empire, l'officier de l'état civil du domicile des époux.	
80 et 97 C. N.		X. Pour les décès arrivés hors de la commune du défunt, dans les hôpitaux militaires ou civils, les prisons, les lazarets et autres maisons publiques, l'officier de l'état civil du domicile du défunt.	
87 C. N.		XI. Pour les décès en mer, l'officier de l'état civil du domicile du défunt.	
97 et 98 C. N.		XII. Enfin pour les décès à l'armée hors du territoire de l'empire, l'officier de l'état civil du dernier domicile du défunt.	
		(Pour le surplus, V. le Protocole des actes, § Ier Intitulé, p. 8.)	*Nous*... (V. le Protocole des actes.)

LOI QUI PRESCRIT LA FORMALITÉ	LOI QUI PUNIT L'OMISSION	INDICATION SOMMAIRE DES FORMALITÉS	FORMULE
		3° Réquisition de la partie intéressée, ou transcription d'office.	*Sur la réquisition de M.*
359 C. N.		La réquisition de transcription par la partie intéressée n'est absolument nécessaire que pour l'adoption. Dans ce cas, la partie intéressée sera l'adoptant ou l'adopté, ou encore le père, la mère ou le tuteur de ce dernier. Dans tous les autres cas, la transcription pourra se faire d'office par l'officier de l'état civil.	
		dénomination du requérant,	
34 C. N.	50 C. N.	prénom	*Gilbert*
Id.	Id.	nom,	*C...*
Id.	Id.	âge,	*âgé de ... ans,*
Id.	Id.	profession,	*horloger,*
Id.	Id.	domicile,	*demeurant à ...*
		commune ou ville,	*commune* (ou ville) *de...*
		hameau ou rue,	*hameau de...* (ou rue)
		maison ou n°,	*dans la maison de...* (ou n°)
		mention de la présence du requérant,	*à ce présent*
		ou mention de la transcription d'office.	ou procédant d'office
		4° Transcription. Copie littérale de la pièce transcrite.	*avons transcrit sur le présent registre la pièce* (ou les pièces) *dont la teneur suit :*
353 C. N. 354, 355, 356 C. N. 357 C. N.		Pour l'inscription d'adoption, les pièces à transcrire se composent : 1° d'un acte d'adoption dressé par le juge de paix du domicile de l'adoptant ; 2° d'un jugement déclarant qu'il y a lieu à l'adoption, rendu par le tribunal de première instance du domicile de l'adoptant ; 3° et d'un arrêt de la Cour impériale confirmant le jugement et déclarant qu'il y a lieu à l'adoption.	(Copier littéralement la pièce ou les pièces à transcrire.)
		5° Clôture de l'acte de transcription.	*De quoi nous avons dressé le présent acte de transcription, que nous avons*
38 C. N.	50 C. N.	mention de la lecture, par l'officier de l'état civil, au requérant,	*lu au requérant*
39 C. N.	Id.	mention de la signature par l'officier de l'état civil et par le requérant.	*et que nous avons signé avec ce dernier.*
39 C. N.	50 C. N.	6° Signatures.	(*Suivent les signatures de l'officier de l'état civil et du requérant.*)
Id.	Id..	du requérant,	
Id	Id.	et de l'officier de l'état civil. (Pour le surplus, V. le Protocole des actes, § Ier Intitulé.)	
		§ 6. Mention à mettre en marge des actes.	
		1° Jugement, acte ou exploit nécessitant la mention.	*Il résulte*
62 C. N.		I. Acte de reconnaissance d'enfant naturel, — en marge de l'acte de naissance.	*d'un jugement rendu par le tribunal de première instance de...*
67 C. N.		II. Exploit d'opposition à mariage, — en marge de l'acte de publication.	

LOI QUI PRESCRIT LA FORMALITÉ	LOI QUI PUNIT L'OMISSION	INDICATION SOMMAIRE DES FORMALITÉS	FORMULE
67 C. N.		III. Acte ou jugement de mainlevée d'opposition à mariage, — en marge de l'acte de publication.	
101 C. N.		IV. Jugement de rectification, — en marge de l'acte rectifié.	ou d'un acte reçu par l'officier de l'état civil de la commune de...,
331, 332, 333 C. N.		V. Acte de mariage contenant légitimation d'enfant naturel, — en marge de l'acte de naissance de l'enfant.	ou d'un acte reçu par Me ..., notaire à ...,
347, 359 C. N.		VI. Acte d'inscription d'adoption, — en marge de l'acte de naissance de l'adopté.	ou d'un exploit de l'huissier..., de...,
42 C. N.	50 C. N.	Date, en toutes lettres.	*en date du...,*
		Indication sommaire du dispositif du jugement, des stipulations de l'acte ou des conclusions de l'exploit.	*que ...*
49 C. N.	50 C. N.	2° Réquisition de la mention par la partie intéressée :	Mention requise par *Monsieur*
34 C. N.	Id.	prénom,	*Jean-François*
Id.	Id.	nom,	*L...,*
Id.	Id.	âge,	*âgé de ... ans,*
Id.	Id.	profession,	*propriétaire,*
Id.	Id.	domicile,	*demeurant en la commune* (ou ville) *de ...,*
		commune ou ville,	
		hameau ou rue,	*au hameau de...* (ou rue),
		maison ou n°,	*dans la ferme de...* (ou n°),
49 C. N.		qualité de partie intéressée.	*partie intéressée,*
39 C. N.	50 C. N.	3° Mention de la signature	*qui a signé*
Id.	Id.	du requérant,	*avec nous,*
Id.	Id.	de l'officier de l'état civil.	*officier de l'état civil,*
34 C. N.	50 C. N.	4° Date de la mention :	*ce jourd'hui*
42 C. N.	Id.	L'écrire en toutes lettres.	*quatre décembre mil huit cent*
34 C. N.	Id.	année,	*soixante-huit,*
Id.	Id.	mois,	
Id.	Id.	jour,	
Id.	Id.	heure.	*à dix heures du soir,*
38 C. N.	50 C. N.	5° Mention de la lecture	*après lecture faite*
Id.	Id.	par l'officier de l'état civil	*par nous*
Id.	Id.	au requérant.	*au requérant.*
39 C. N.	50 C. N.	6° Signatures	(*Signatures*
Id.	Id.	du requérant	*du requérant*
Id.	Id.	et de l'officier de l'état civil.	*et de l'officier de l'état civil.*)

CHAPITRE DEUXIÈME. — PROTOCOLE DES REGISTRES

SOMMAIRE : § 1er Clôture annuelle ; § 2e Table annuelle.

LOI QUI PRESCRIT LA FORMALITÉ	LOI QUI PUNIT L'OMISSION	INDICATION SOMMAIRE DES FORMALITÉS	FORMULE
		§ 1er. Clôture annuelle.	
		1° OFFICIER DE L'ÉTAT CIVIL :	*Nous,*
		prénom,	*Louis*
		nom,	*D...,*
		qualité de maire,	*maire,*
		ou d'adjoint,	ou adjoint, etc., etc.,
		ou de conseiller municipal,	ou conseiller municipal, etc., etc.,
		faisant les fonctions d'officier de l'état civil, } V. le Protocole des actes, § 1er, Intitulé.	*faisant les fonctions d'officier de l'état civil*
		commune ou ville,	*de la commune* (ou ville) *de ...,*
		canton,	*canton de ...,*
		arrondissement,	*arrondissement de ...,*
		département.	*département de ...,*
		2° MENTION DE LA CLÔTURE :	*avons clos et arrêté*
		registre clos, — destination :	*le présent registre*
40 C. N.		naissances,	*des naissances*
Id.		décès,	ou des décès,
Id.		mariages,	ou des mariages,
Id.		ou ces trois espèces d'actes réunies,	ou des naissances, décès et mariages réunis,
63 C. N.		publications de mariage, — registre toujours spécial,	ou des publications de mariage,
42 C. N.	50 C. N.	année, — en toutes lettres,	*de l'année mil huit cent soixante-huit,*
Id.	Id.	nombre des actes, — en toutes lettres.	*contenant ... actes.*
		3° DATE DE LA CLÔTURE :	*Fait*
Id.	Id.	L'écrire en toutes lettres.	
		lieu, — en la maison commune,	*en notre maison commune,*
		année,	*l'an mil huit cent soixante ...*
43 C. N.	50 C. N.	mois, jour, } toujours le 31 décembre,	*le trente et un décembre,*
Id.	Id.	heure, — toujours à minuit.	*à minuit.*
39 C. N.	Id.	4° SIGNATURE DE L'OFFICIER DE L'ÉTAT CIVIL.	*(Signature de l'officier de l'état civil.)*
		§ 2. Table annuelle.	
		1° EN-TÊTE.	*Table alphabétique*
Déc. 20 jt. 1807		La table doit être alphabétique.	
		Destination du registre :	
40 C. N.		naissances,	*des actes de naissances,*
Id.		décès,	ou de décès,
Id.		mariages,	ou de mariages,
Id.		ou ces trois espèces d'actes réunies. La table alphabétique n'est pas exigée pour le registre des publications de mariage.	

LOI QUI PRESCRIT LA FORMALITÉ	LOI QUI PUNIT L'OMISSION	INDICATION SOMMAIRE DES FORMALITÉS	FORMULE
42 C. N.	50 C. N.	commune ou ville, année. L'écrire en toutes lettres.	*de la commune* (ou ville) *de ...,* *pour l'année mil huit cent...*
Déc. 20 jt. 1807		2° TABLE. Suivre exactement l'ordre alphabétique des noms et des prénoms.	

NOMS DES PARTIES	DATE DES ACTES	N° DU FEUILLET	N° DE L'ACTE
AUBERT (Jean-Louis).	21 septembre.	8	45
BLANCHARD (Clotilde).	12 mai.	5	29

LOI QUI PRESCRIT LA FORMALITÉ	LOI QUI PUNIT L'OMISSION	INDICATION SOMMAIRE DES FORMALITÉS	FORMULE
Art. 4 Déc. 20 juillet 1807.		3° CERTIFICATION D'EXACTITUDE : officier de l'état civil, dépositaire,	*Nous,* *officier* *et dépositaire des actes de l'état civil de ladite commune,*
42 C. N.	50 C. N.	certification, date, — en toutes lettres, lieu, — en la maison commune,	*certifions l'exactitude de la table qui précède.* *Fait en notre maison commune,*
Art. 2 Déc. 20 juillet 1807.		année, mois, jour, } dans le courant du mois de janvier de l'année suivante.	*le quatre janvier mil huit cent soixante-neuf.*
39 C. N.	50 C. N.	4° SIGNATURE DE L'OFFICIER DE L'ÉTAT CIVIL.	(*Signature de l'officier de l'état civil.*)

CHAPITRE TROISIÈME. — PROTOCOLE DES EXPÉDITIONS DES ACTES

LOI QUI PRESCRIT LA FORMALITÉ	LOI QUI PUNIT L'OMISSION	INDICATION SOMMAIRE DES FORMALITÉS	FORMULE
		1° INTITULÉ. Destination du registre contenant l'acte à expédier :	*Extrait des registres*
40 C. N. Id. Id. Id.		naissances, décès, mariages, ou ces trois espèces d'actes réunies,	*des naissances* ou des décès, ou des mariages, ou des actes réunis,
42 C. N.	50 C. N.	année, L'écrire en toutes lettres. commune ou ville, canton, arrondissement, département.	*de l'année mil huit cent soixante-huit* *de la commune* (ou ville) *de ...,* *canton de ...,* *arrondissement de ...,* *département de ...*
Avis C. d'Et. 4 mars 1808. 857 C. Pr. C.		2° COPIE DE L'ACTE ET DES MENTIONS MARGINALES. Les expéditions contiendront la copie littérale de l'acte, Avis du Conseil d'État 4 mars 1808, — et des mentions régulièrement mises en marge. 857 Code proc. civ. — L'acte doit être reproduit tel qu'il est, même avec ses fautes, omission ou erreur.	(Suit la copie entière et littérale de l'acte et des mentions régulièrement inscrites en marge.)

LOI QUI PRESCRIT LA FORMALITÉ	LOI QUI PUNIT L'OMISSION	INDICATION SOMMAIRE DES FORMALITÉS	FORMULE
		3° Clôture : certifié conforme, par l'officier de l'état civil : prénom, nom, qualité de maire, ou d'adjoint, ou de conseiller municipal, } V. le Protocole des actes, § 1er, Intitulé. faisant les fonctions d'officier de l'état civil.	*Extrait* *certifié conforme au registre,* *par nous,* *Désiré* *R...,* *maire,* ou adjoint, ou conseiller municipal, *faisant les fonctions d'officier de l'état civil de ladite commune,*
Art. 13, loi 13 brum. an VII.		Mention de la destination si l'expédition est exempte du timbre. Si l'expédition est délivrée sur papier libre, il sera fait mention de la circonstance ou de la destination qui donne lieu à l'exemption du timbre.	
Art. 16, id.		I. Engagement volontaire des militaires de terre ou de mer.	*et délivré pour servir à un engagement volontaire dans l'armée de terre* (ou de mer),
Id.		II. Justification d'exemption à la loi du recrutement.	ou à justifier une exemption à la loi du recrutement,
		III. Pièce de service d'une administration publique.	ou à être employé dans le service d'une administration publique,
Art. 1 et 4 loi 10 déc. 1850		IV. Mariage entre indigents.	ou à un mariage entre indigents,
Art. 80 loi 15 mai 1818.		V. Indigents en général.	ou à un indigent.
		4° Signature de l'officier de l'état civil accompagnée du sceau de la mairie.	(*Signature de l'officier de l'état civil, accompagnée du sceau de la mairie.*)
45 C. N.		5° Légalisation. Elle est nécessaire lorsque l'expédition doit être produite dans un autre arrondissement que celui où elle est délivrée.	
45 C. C. N. et loi 4 mai 1861.		Elle a lieu par le président ou l'un des juges du tribunal, et pour les cantons où les juges de paix ne siégent pas au chef-lieu du ressort du tribunal, par le juge de paix du canton.	

CINQUIÈME PARTIE

FORMALITÉS SPÉCIALES ET FORMULES DES NAISSANCES, DES RECONNAISSANCES D'ENFANTS NATURELS, DES TRANSCRIPTIONS D'ACTE DE NAISSANCE ET DES INSCRIPTIONS D'ADOPTION

DIVISION. — CHAPITRE PREMIER, DES NAISSANCES; CHAPITRE DEUXIÈME, RECONNAISSANCE D'ENFANT NATUREL; CHAPITRE TROISIÈME, TRANSCRIPTION CONCERNANT LES NAISSANCES, RECONNAISSANCES ET ADOPTIONS; CHAPITRE QUATRIÈME, MENTION A METTRE EN MARGE DES ACTES DE NAISSANCE ET DE RECONNAISSANCE.

CHAPITRE PREMIER. — DES NAISSANCES

1° Observations générales sur les naissances.

La déclaration d'un enfant doit se présenter dans l'un ou l'autre des cas suivants :

1° L'enfant est né viable et il existe au moment de la déclaration faite à l'officier de l'état civil dans les trois jours qui ont suivi la naissance. — C'est le cas le plus ordinaire et c'est celui que prévoit la formule ci-après. — On dressera purement et simplement l'acte de naissance selon la même formule.

2° L'enfant est né viable et il existe au moment de la déclaration faite à l'officier de l'état civil, mais cette déclaration n'a eu lieu qu'après l'expiration des trois jours qui ont suivi l'accouchement. — Dans ce cas, l'officier de l'état civil refusera de recevoir la déclaration tardive, il en préviendra le procureur impérial, et il attendra qu'un jugement du tribunal l'ait autorisé à dresser l'acte de naissance.

3° L'enfant est né viable et il est mort dans les trois jours de l'accouchement, avant la déclaration. C'est le cas prévu par un décret du 3 juillet 1806, qui prescrit de dresser seulement un acte de présentation d'enfant sans vie, lequel devra être inscrit sur le registre des décès.

4° L'enfant est né viable et il est mort après les trois jours de l'accouchement, mais avant la déclaration. Dans ce cas, la naissance ne pourra être inscrite, par suite de déclaration tardive, sans un jugement. On se bornera alors à dresser un acte de décès, et l'officier de l'état civil préviendra, immédiatement après, le procureur impérial, en lui communiquant les déclarations qui lui auront été faites.

5° L'enfant n'est pas né viable ou il est mort-né. Il n'est dressé alors qu'un acte de décès.

6° L'enfant est un monstre. Dans ce cas, l'officier de l'état civil pourra déléguer un ou plusieurs hommes de l'art pour le visiter, afin de juger, d'après le rapport qui sera dressé de la visite, s'il y a lieu ou non de dresser un acte de naissance. Il devra prévenir immédiatement le procureur impérial, pour qu'il puisse prendre telle mesure de police qu'il jugera convenable.

7° Enfin, il s'agit d'enfants jumeaux. Il sera dressé un acte de naissance pour chacun d'eux et les actes entre eux seront inscrits dans l'ordre des naissances. On fera mention de l'état de jumeau de chaque enfant, et on mentionnera dans chaque acte s'il est sorti le premier ou le second du sein de la mère.

2° Formule de l'acte de naissance.

SOMMAIRE : 1° Date de l'acte; 2° Pardevant, officier de l'état civil; 3° Comparition du déclarant; 4° Déclaration, date de naissance, lieu de la la naissance, sexe de l'enfant, sa présentation, ses prénoms, ses père et mère; 5° Présence des deux témoins; 6° Clôture de l'acte, mention de la lecture et des signatures; 7° Signatures du déclarant, des deux témoins et de l'officier de l'état civil.

LOI QUI PRESCRIT LA FORMALITÉ	LOI QUI PUNIT L'OMISSION	INDICATION SOMMAIRE DES FORMALITÉS	FORMULE
		1° DATE DE L'ACTE.	
42 C. N. 55 C. N.	50 C. N. 346 C. P.	L'écrire en toutes lettres. Elle ne pourra pas être postérieure de plus de trois jours à celle de la naissance.	*L'an ...,* (Voir le Protocole des actes, § 1er, Intitulé.)

LOI QUI PRESCRIT LA FORMALITÉ	LOI QUI PUNIT L'OMISSION	INDICATION SOMMAIRE DES FORMALITÉS	FORMULE
		La déclaration qui serait faite après ce délai devrait être refusée.	
Art. 6 loi 20 sept. 1792.		Le lieu de la date de l'acte est ordinairement en la maison commune ; cependant lorsque la translation de l'enfant présente des dangers, l'acte peut être reçu au domicile de l'accouchement. (Pour le surplus, voir le Protocole des actes, § 1er, Intitulé.)	*en la maison commune*, ou au domicile de ... où nous nous sommes transporté à cause des dangers que pouvait présenter la translation de l'enfant.
		2° PARDEVANT OFFICIER DE L'ÉTAT CIVIL.	*Pardevant nous*
55 C. N.		L'officier de l'état civil sera celui de la commune où l'accouchement a eu lieu. (Pour le surplus, voir le Protocole des actes, § 1er, Intitulé.)	(V. le Protocole des actes, § 1er, Intitulé.)
		3° COMPARUTION DU DÉCLARANT.	*a comparu :*
36 C. N.		Le déclarant pourra se faire représenter par un fondé de procuration spéciale et authentique. — (V. à cet égard le Protocole des actes.)	
		Sont chargés de faire la déclaration :	
56 C. N.	346 C. P.	1° Le père, s'il est présent et si la naissance a eu lieu en son domicile;	
Id.	Id.	2° Les docteurs en médecine ou en chirurgie, sages-femmes, officiers de santé ou autres personnes qui auront assisté à l'accouchement, si la naissance a eu lieu au domicile du père ou de la mère, et si le père est absent ou s'il refuse ;	
Id. C. cassation 7 nov. 1823.	Id.	3° Le père, s'il est présent, ou à son défaut la personne chez qui la mère sera accouchée, si la naissance a eu lieu hors du domicile de cette dernière;	
Inst. min. int. 8 nov. 1841.		4° Les accoucheurs, les Sœurs de charité ou toute autre personne employée au service de l'hospice, si la naissance a eu lieu dans un hospice;	
58 C. N.	347 C. P.	5° Enfin les personnes qui auront trouvé le nouveau-né s'il s'agit d'un enfant trouvé.	
	346, 347 C. P.	Le défaut de déclaration rend ceux qui en sont chargés passibles des peines portées par les art. 346 et 347 C. P.	
34 C. N.	50 C. N.	Prénom,	*Monsieur François*
Id.	Id.	nom,	*P...*,
Id.	Id.	âge,	*âgé de ...*
Id.	Id.	profession,	*notaire*,
Id.	Id.	domicile,	*demeurant en la commune*
		commune ou ville,	(ou ville) *de ...*,
		hameau ou rue,	*au hameau de ...* (ou rue),
		maison ou n°.	*dans la ferme de ...* (ou n°),
		4° DÉCLARATION :	*lequel nous a déclaré*
57 C. N.		I. *Du jour de la naissance.*	*que le ... du mois de ...*
42 C. N.	50 C. N.	L'écrire en toutes lettres.	*courant* (ou dernier),
55 C. N.		La déclaration ne pourra être reçue et l'acte ne pourra être dressé plus de trois jours après l'accouchement.	
57 C. N.		II. *De l'heure de la naissance.*	*à ... heures du matin* (ou du soir),
42 C. N.	50 C. N.	L'écrire en toutes lettres.	

LOI QUI PRESCRIT LA FORMALITÉ	LOI QUI PUNIT L'OMISSION	INDICATION SOMMAIRE DES FORMALITÉS	FORMULE
57 C. N.		III. *Du lieu de la naissance :* commune ou ville, hameau ou rue, maison ou n°, domicile.	*en ladite commune* (ou ville) *de* ..., *au hameau de* ... (ou rue), *dans la maison de*... (ou n°), *au domicile du déclarant*,
34 C. N.	50 C. N.	Si la naissance a eu lieu dans un autre domicile que celui du déclarant, énoncer les nom, prénom, âge et profession de la personne chez qui l'accouchement a eu lieu, et les causes qui l'ont empêchée de faire la déclaration.	ou au domicile de M. Bazile D..., âgé de ... ans, entrepreneur de travaux publics, momentanément absent de son domicile (ou retenu par une maladie grave,
57 C. N.		IV. *Du sexe de l'enfant.*	*il est né un enfant du sexe masculin* (ou féminin),
I. m. 31 déc. 1823.		Si l'enfant est jumeau il en sera fait mention, et on mentionnera de plus s'il est sorti le premier ou le second du sein de sa mère.	jumeau sorti le premier (ou le second) du sein de sa mère,
Id.		Il est fait autant d'actes qu'il y a d'enfants jumeaux.	
55 C. N. Art. 6, titre 3 loi 20 sept. 1792.		V. *Présentation de l'enfant.* Si l'enfant n'a pu être transporté en la maison commune sans péril imminent, il en sera justifié par un certificat de médecin ou par la visite de l'officier de l'état civil, et il sera fait mention du tout.	*qu'il nous présente en la maison commune,* ou qui n'a pu être transporté en la maison commune pour cause de maladie constatée par un certificat de Monsieur ..., docteur en médecine, en date du ..., (ou par notre visite), mais qui nous a été présenté au domicile de la naissance où nous nous sommes transporté,
57 C. N.		VI. *Prénom donné à l'enfant.* Écrire le prénom en plus gros caractères.	*auquel il a déclaré donner le prénom de Georges*
Art. 1, loi 11 germ. an XI.		On ne pourra recevoir que des prénoms tirés des différents calendriers ou de l'histoire ancienne. — Les actes devant être écrits en français, on ne pourrait, sans irrégularité, accepter des prénoms latins, grecs, anglais, allemands ou autres prénoms dictés en langues étrangères.	(ou les prénoms de Georges-Edouard),
		VII. *Qualité d'enfant légitime ou naturel.*	*enfant légitime* (ou naturel),
		VIII. *Père de l'enfant.*	*né de lui déclarant,*
Déc. 19 fl. an XI,		Si l'acte de mariage peut être produit, il sera utile de le rappeler. Il doit même être représenté si les parents sont inconnus de l'officier de l'état civil.	ou né du mariage contracté devant l'officier le l'état civil de la commune de ..., le..., entre lui déclarant,
312 C. N.		Si l'enfant est né d'une femme mariée, on ne peut indiquer pour père que le mari de cette dernière, quelle que soit d'ailleurs la déclaration du mari niant sa paternité, ou celle d'un autre individu qui se reconnaîtrait le père de l'enfant :	
57 et 34 C. N.	50 C. N.	prénom,	ou de Monsieur Frédéric
Id.	Id.	nom,	G...,
Id.	Id.	âge,	âgé de ... ans,
Id.	Id.	profession,	imprimeur,
Id.	Id.	domicile,	demeurant en la commune
		commune ou ville,	(ou ville) de ...,

LOI QUI PRESCRIT LA FORMALITÉ	LOI QUI PUNIT L'OMISSION	INDICATION SOMMAIRE DES FORMALITÉS	FORMULE
		hameau ou rue,	au hameau de ... (ou rue),
		maison ou n°,	maison ... (ou n°),
		circonstance qui l'a empêché de comparaître.	absent,
		On devra s'abstenir de toute énonciation de laquelle on pourrait induire que l'enfant n'est pas du mari de la femme qui est accouchée, ou qu'il le méconnaît. Ainsi, si le mari est absent depuis plusieurs années, on énoncera seulement qu'il est absent. On énoncera également qu'il est absent s'il refuse de venir faire la déclaration.	ou empêché par une maladie grave,
340 C. N.		Si le nouveau-né est un enfant naturel, on ne peut indiquer le nom du père qu'autant que ce dernier l'aura reconnu par un acte antérieur et régulier, ou qu'il le reconnaîtra dans l'acte même de naissance. Dans ce dernier cas, il sera fait mention expresse de sa reconnaissance.	ou enfant naturel né de lui déclarant, ainsi qu'il le reconnaît expressément en ces présentes.
		Si le père n'a pas fait de reconnaissance, on énoncera qu'il est inconnu.	ou enfant naturel né d'un père inconnu,
		Si le père a fait une reconnaissance antérieure, on énoncera ses	ou enfant naturel né du nommé
57 et 34 C. N.	50 C. N.	prénom,	Bazile
Id.	Id.	nom,	D...,
Id.	Id.	âge,	âgé de ... ans,
Id.	Id.	profession,	chaudronnier,
Id.	Id.	domicile,	demeurant en la commune (ou ville)
		commune ou ville,	de ...,
		hameau ou rue,	au hameau de ... (ou rue),
		maison ou n°,	maison ... (ou n°),
		la reconnaissance,	qui l'a reconnu devant l'officier de
334 C. N.		devant un officier de l'état civil,	l'état civil de la commune de ...,
Id.		ou devant un juge de paix,	ou devant le juge de paix du canton de...,
Id.		ou encore devant un notaire.	ou devant M° ..., notaire à ...,
42 C. N.	50 C. N.	Date (l'écrire en toutes lettres).	le ...,
335 C. N.		Si le nouveau-né est un enfant adultérin ou incestueux, on doit refuser le concours à l'acte,	
Id.		du père reconnaissant sa paternité adultérine ou incestueuse. On doit de plus éviter toute énonciation qui indiquerait ou qui ferait supposer l'origine incestueuse ou adultérine de l'enfant. Aux yeux de la loi et pour ce qui regarde l'acte de naissance, le nouveau-né ne peut être qu'un enfant légitime s'il est né d'une femme mariée ou veuve depuis moins de dix mois, ou un enfant naturel simple, s'il est né d'une femme célibataire ou veuve depuis plus de dix mois.	
57 C. N.	346 C. P.	IX. *Mère de l'enfant :* Le nom de la mère de l'enfant doit toujours être déclaré par la personne chargée de faire la déclaration de la naissance, sous peine de l'application de l'art. 346 C. P.	
57 et 34 C. N.	50 C. N.	prénom,	*et de Madame Pauline*

LOI QUI PRESCRIT LA FORMALITÉ	LOI QUI PUNIT L'OMISSION	INDICATION SOMMAIRE DES FORMALITÉS	FORMULE
57 et 34 C. N.	50 C. N.	nom,	*J...,*
Id.	Id.	âge,	*âgée de ... ans,*
Id.	Id.	profession,	*sans profession,*
Id.	Id.	domicile,	*demeurant*
108 C. N.		La femme mariée n'a point d'autre domicile que celui de son mari. La femme séparée de corps par justice doit avoir un domicile distinct de celui de son mari.	avec son mari, ou isolément de son mari, dont elle est séparée de corps par justice,
		commune ou ville,	*en la commune* (ou ville) *de ...,*
		hameau ou rue,	*au hameau de ...* (ou rue),
		maison ou nº,	*maison* (ou nº) ...,
		épouse,	*épouse dudit sieur ...,* ou épouse du sieur ... (prénom, nom, âge, profession et domicile),
		ou veuve,	ou veuve du sieur ...,
		ou célibataire.	ou célibataire,
		Si la mère assiste à l'acte de naissance, et si l'enfant est un enfant naturel, il sera bon de lui faire reconnaître sa maternité naturelle.	à ce présente et reconnaissant expressément que le nouveau-né est son enfant naturel.
		Déclaration d'un enfant trouvé.	(Immédiatement après la comparution du déclarant, ajouter :)
58 C. N.	347 C. P.	Il y a obligation de déclarer les enfants trouvés.	
Id.		Circonstance du temps,	*lequel a déclaré que le ... du mois*
Id.		année, mois, jour, heure,	*de ..., à ... heures du ...,*
42 C. N.	50 C. N.	Ecrire en toutes lettres.	
58 C. N.		Circonstance du lieu.	
		Le déclarant était-il seul?	*étant seul,*
		ou était-il avec quelqu'un?	ou étant accompagné du sr ...,
34 C. N.	50 C. N.	(Prénom, nom, âge, profession et domicile.)	
		lieu où l'enfant a été trouvé :	*il a trouvé sur le territoire*
		commune ou ville,	*de la commune* (ou ville) *de ...,*
		hameau ou rue,	*au hameau de ...* (ou dans la rue),
		maison ou nº.	*devant la maison* (ou le nº) ...,
55 et 58 C. N.		Présentation de l'enfant à l'officier de l'état civil.	*un enfant qu'il nous a présenté*
58 C. N.		Description et remise des vêtements et autres effets trouvés avec l'enfant.	*emmaillotté* (ou vêtu) *de ... et recouvert d'un linge marqué ... à nous remis,*
Id.		Age apparent de l'enfant.	*paraissant avoir ... jours,*
Id.		Son sexe.	*du sexe masculin* (ou féminin),
Id.		Les noms qui lui sont donnés, — nom et prénom.	*auquel nous avons donné le prénom de Jules et le nom de Marius.*
Circul. minist. 30 juin 1812.		Ils sont choisis par l'officier de l'état civil.	
Id.		On devra éviter de prendre le nom de l'une des familles de la commune, et choisir de préférence dans les noms de l'histoire ancienne.	
58 C. N.		Autorité ou personne à laquelle l'enfant est remis.	*Cet enfant sera remis à notre municipalité*
Id.		Est-il remis à la municipalité du lieu où il a été trouvé?	
Art. 4 décret 10 janv. 1811.		Dans ce cas il sera fait mention de son transport à l'hospice désigné pour recevoir les enfants trouvés de l'arrondissement.	*et transporté ensuite à l'hospice de ..., désigné pour recevoir les enfants trouvés de l'arrondissement.*
58 C. N.		Ou est-il conservé par la personne qui l'a trouvé?	ou cet enfant est conservé par le déclarant qui l'a trouvé et qui s'en-

LOI QUI PRESCRIT LA FORMALITÉ	LOI QUI PUNIT L'OMISSION	INDICATION SOMMAIRE DES FORMALITÉS	FORMULE
		Dans ce cas la personne s'engagera à subvenir aux besoins de l'enfant.	gage à subvenir à ses besoins.
56 C. N.		5° Présence de deux témoins.	*Ce fait en présence*
37 C. N.	50 C. N.	Les témoins seront majeurs et mâles, non condamnés à des peines emportant la dégradation civique ni privés par jugement du droit d'être témoins. Ils sont choisis par les parties.	
		Premier témoin :	*de Messieurs*
34 et 57 C. N.	50 C. N.	prénom,	*Eugène*
Id.	Id.	nom,	*G...,*
Id.	Id.	âge,	*âgé de ... ans,*
Id.	Id.	profession,	*propriétaire cultivateur,*
Id.	Id.	domicile,	*demeurant en la commune* (ou ville)
		commune ou ville,	*de ...,*
		hameau ou rue,	*au hameau de ...* (ou rue),
		maison ou n°.	*dans ferme de ...* (ou n°),
		Second témoin :	*et Alphonse ...,*
		Id.	
		Mention de la qualité de témoins.	*tous deux témoins,*
		6° Clôture. — Mention de la lecture et des signatures. (V. le Protocole des Actes, p. 12.)	*dont acte.* (V. le Protocole des Actes, p. 12.)
39 C. N.	50 C. N.	7° Signatures	(*Suivent les signatures.* V. le Protocole des Actes, p. 12.)
Id.	Id.	du déclarant,	
Id.	Id.	des deux témoins	
Id.	Id.	et de l'officier de l'état civil. (V. le Protocole des Actes, p. 12.)	

CHAPITRE DEUXIÈME. — RECONNAISSANCE D'ENFANT NATUREL.

Sommaire : 1° Date de l'acte; 2° Pardevant, officier de l'état civil; 3° Comparution du père ou de la mère reconnaissant son enfant; 4° Déclaration; 5° Présence des deux témoins; 6° Clôture de l'acte, Mention de la lecture et des signatures; 7° Signatures du déclarant, des deux témoins et de l'officier de l'état civil.

		1° Date de l'acte.	*L'an ...* (V. le Protocole des Actes, p. 8.)
		Il n'y a point de délai fixé pour la reconnaissance.	
62 C. N.		L'acte de reconnaissance sera inscrit sur les registres à sa date.	
		Il en sera fait mention en marge de l'acte de naissance.	
		(Pour le surplus, V. le Protocole des Actes, p. 8.)	
		2° Pardevant. Officier de l'état civil.	*pardevant nous ...*
334 C. N.		L'officier de l'état civil sera celui choisi par les parties.	(V. le Protocole des Actes, p. 9.)
		(Pour le surplus, V. le Protocole des Actes, p. 9.)	
		3° Comparution du père ou de la mère reconnaissant son enfant.	*a comparu*
36 C. N.		Il pourra se faire représenter par un fondé de procuration spéciale et authentique.	

LOI QUI PRESCRIT LA FORMALITÉ	LOI QUI PUNIT L'OMISSION	INDICATION SOMMAIRE DES FORMALITÉS	FORMULE
		(V., pour la formule à suivre à cet égard, le Protocole des Actes, p. 10.)	
		La reconnaissance pourra être faite par le père et la mère dans le même acte, et par chacun d'eux dans un acte séparé :	
34 C. N.	50 C. N.	prénom,	*Monsieur Isidore*
Id.	Id.	nom,	*D...,*
Id.	Id.	âge, — La reconnaissance peut être faite par un mineur aussi bien que par un majeur; toutefois le mineur doit avoir l'âge de puberté au moment de la conception.	*âgé de ... ans,*
Cass. 8 juin 18 3 et 4 nov. 1835.			
Id.	Id.	profession,	*propriétaire,*
Id.	Id.	domicile,	*demeurant en la commune*
		commune ou ville,	(ou ville) *de ...,*
		hameau ou rue,	*au hameau de ...* (ou rue),
		maison ou n°.	*dans le château de ...* (ou n°),
		Est-il célibataire?	*célibataire,*
		marié ou veuf?	
335 C. N.		Une personne mariée ou veuve peut reconnaître un enfant naturel, mais seulement lorsque ladite personne a eu cet enfant avant ou après son mariage. L'enfant naturel qu'une personne mariée aurait eu pendant son mariage, d'un autre que de son conjoint, serait un enfant adultérin qui ne pourrait être reconnu.	
Id.		Les enfants incestueux ne peuvent pas, non plus, être reconnus.	
		Si le comparant est marié ou veuf, indiquer les prénom et nom de l'autre époux.	ou marié à ..., ou veuf de Madame Claire B...,
		4° DÉCLARATION	
		qu'il est le père,	*lequel a présentement déclaré qu'il est le père,*
		ou qu'elle est la mère;	ou laquelle a présentement déclaré qu'elle est la mère,
		sexe de l'enfant,	*d'un enfant du sexe masculin* (ou féminin),
		date de sa naissance, — en toutes lettres,	*né le ... décembre mil huit cent soixante-huit, à .., heures du soir,*
42 C. N.	50 C. N.	année, mois, jour et heure,	
		son inscription sur les registres de l'état civil,	*et inscrit sur les registres de l'état civil de la commune* (ou ville) *de ...,*
		commune ou ville,	
Id.	Id.	date, — en toutes lettres,	*le ...,*
		son prénom,	*sous les noms de Victor*
		son nom,	*B...,*
		ses père et mère déclarés dans l'acte de naissance,	*comme étant fils* (ou fille) *de ...*
		prénom, nom, âge, profession, domicile.	
340 C. N.		Si la reconnaissance est faite par la mère, on ne pourra y insérer le nom du père de l'enfant naturel qu'autant que ce dernier l'aura régulièrement reconnu soit dans l'acte de naissance, soit par un acte séparé.	
		5° PRÉSENCE DES DEUX TÉMOINS. (V. l'Acte de naissance, p. 26.)	*Ce fait en présence de ...,* (V. l'Acte de naissance, p. 26.)
		6° CLÔTURE. MENTION DE LA LECTURE ET DES SIGNA-	*dont acte...*

LOI QUI PRESCRIT LA FORMALITÉ	LOI QUI PUNIT L'OMISSION	INDICATION SOMMAIRE DES FORMALITÉS	FORMULE
		TURES. (V. le Protocole des Actes, p. 12.)	(V. le Protocole des Actes, p. 12.)
		7° SIGNATURES DU COMPARANT, DES TÉMOINS ET DE L'OFFICIER DE L'ÉTAT CIVIL.	(*Suivent les signatures.*)
		(V. le Protocole des Actes, p. 12.)	(V. le Protocole des Actes, p. 12.)

CHAPITRE TROISIÈME. — TRANSCRIPTIONS CONCERNANT LES ACTES DE NAISSANCE, DE RECONNAISSANCE ET D'ADOPTION

Elles comprennent :

1° Transcription de jugements rectifiant des actes de naissance ou de reconnaissance. — 857 C. proc. civ.

2° Transcription de l'acte de reconnaissance d'enfant naturel, reçu par un autre que l'officier de l'état civil dépositaire de l'acte de naissance. — 62 C. N.

3° Transcription d'acte de naissance en mer. — 60 C. N.

4° Transcription d'acte de naissance à l'armée, hors du territoire de l'empire. — 93 et 98 C. N.

5° Transcription de procès-verbal dressé par un hospice à l'égard d'un enfant qui y a été exposé. — Instr. min. 8 février 1823 et 7 août 1852.

6° Transcription d'acte de naissance dressé dans les lazarets. — Art. 10 loi 3 mars 1822.

7° Enfin, transcription d'acte, de jugement et d'arrêt d'adoption. — 359 C. N.

(V. IVe partie, chapitre Ier, Protocole des Actes, n° 5, Acte de transcription, p. 13.)

CHAPITRE QUATRIÈME. — MENTION A METTRE EN MARGE DES ACTES DE NAISSANCE ET DE RECONNAISSANCE

Il y a lieu de mentionner :

1° Les jugements de rectification, en marge des actes rectifiés. — 857 C. proc. civ.

2° Les actes de reconnaissance d'enfant naturel en marge de l'acte de naissance de l'enfant reconnu. — 62 C. N.

3° Et les acte, jugement et arrêt d'adoption, en marge de l'acte de naissance de l'adopté. — Arg. 347 et 359 C. N.

(V. IVe partie, chapitre Ier, Protocole des Actes, n° 6, Mention à mettre en marge des actes.)

SIXIÈME PARTIE

FORMALITÉS SPÉCIALES ET FORMULES DES PUBLICATIONS DE MARIAGE ET DES CERTIFICATS DE PUBLICATION, D'AFFICHE ET DE NON-OPPOSITION

DIVISION. — CHAPITRE PREMIER, ACTE DE PUBLICATION; CHAPITRE DEUXIÈME, AFFICHE ET PUBLICATION; CHAPITRE TROISIÈME, MENTION D'OPPOSITION; CHAPITRE QUATRIÈME, MENTION DE MAINLEVÉE D'OPPOSITION; CHAPITRE CINQUIÈME, CERTIFICAT DE PUBLICATION, D'AFFICHE ET DE NON-OPPOSITION.

CHAPITRE PREMIER. — ACTE DE PUBLICATION DE MARIAGE

SOMMAIRE : 1° Date de l'acte de publication; 2° Officier de l'état civil; 3° Son transport devant la porte de la maison commune; 4° Publication, dénomination des futurs époux et de leurs pères et mères; 5° Affiche; 6° Clôture de l'acte de publication; 7° Signature.

LOI QUI PRESCRIT LA FORMALITÉ	LOI QUI PUNIT L'OMISSION	INDICATION SOMMAIRE DES FORMALITÉS	FORMULE
		1° DATE DE L'ACTE DE PUBLICATION.	*L'an ....*
63 C. N.		L'acte de publication sera toujours dressé un dimanche, soit qu'il ait pour objet la première, soit qu'il constate la seconde publication.	*le dimanche ...,*
Id.	192 C. N.	S'il s'agit de la seconde publication, l'acte sera rédigé le dimanche qui suit celui où la première publication a eu lieu, sous peine de l'amende portée par l'art. 192 C. P.	
		(Pour le surplus, V. le Protocole des Actes, § 1er, Intitulé, p. 8.)	(V. le Protocole des Actes, p. 8.)
		2° OFFICIER DE L'ÉTAT CIVIL.	*Nous ...,*
		Les publications de mariage seront faites :	(V. le Protocole des Actes, p. 9.)
166 C. N.	Id.	1° Par l'officier de l'état civil du dernier domicile du futur;	
167 C. N.	Id.	2° Par celui de l'avant-dernier domicile du futur, lorsque le dernier domicile est établi par six mois de résidence seulement;	
168 C. N.	Id.	3° Par celui ou ceux du domicile ou des domiciles des personnes sous la puissance desquelles le futur se trouve relativement au mariage;	
166 C. N.	Id.	4° Par celui du dernier domicile de la future;	
167 C. N.	Id.	5° Par celui de l'avant-dernier domicile de la future, lorsque le dernier domicile est établi par six mois de résidence seulement;	
168 C. N.	Id.	6° Enfin par celui ou ceux du domicile ou des domiciles des personnes sous la puissance desquelles la future se trouve relativement au mariage.	
		(Pour le surplus, V. le Protocole des Actes, § 1er, Intitulé, p. 9.)	
63 C. N.		3° TRANSPORT DE L'OFFICIER DE L'ÉTAT CIVIL DEVANT LA PORTE DE LA MAISON COMMUNE;	*après nous être transporté devant la porte principale de la maison commune,*

LOI QUI PRESCRIT LA FORMALITÉ	LOI QUI PUNIT L'OMISSION	INDICATION SOMMAIRE DES FORMALITÉS	FORMULE
		ou, en l'absence de maison commune, devant la porte de la maison du maire;	ou, en l'absence de maison commune, devant la porte de notre maison particulière, à nous maire; ou de la maison du maire absent (ou empêché);
Art. 3 loi 18 flor. an X.		ou, s'il s'agit d'une section isolée ayant un adjoint spécial, devant la porte de la maison de ce dernier.	ou attendu l'interruption des communications de ladite section de ... avec le chef-lieu de la commune, devant la porte principale de notre maison, à nous adjoint spécial.
63 C. N.		Jour et heure du transport. Ce seront ceux de la date de l'acte. L'heure doit être celle où il se rencontre sur les lieux le plus grand nombre de citoyens, comme par exemple l'heure de midi, qui est l'instant de l'issue de la messe.	*aux jour et heure susdits,*
		4° PUBLICATION : première, ou seconde.	*avons annoncé et publié, pour la première fois,* ou pour la seconde fois,
Id. 169 C. N. Art. 3 loi 20 prair. an II.	192 C. N.	Il doit y avoir huit jours d'intervalle entre les deux publications, c'est-à-dire que la seconde doit nécessairement être faite le dimanche qui suit celui où la première a eu lieu, sous peine d'amende et de nullité de la première publication. L'empereur, ou, en son nom, le procureur impérial près le tribunal de l'arrondissement où le mariage doit être célébré, peut dispenser, pour des causes graves, de la seconde publication.	
		Dénomination des futurs époux et de leurs pères et mères.	*qu'il y a promesse de mariage entre*
		I. Futur époux :	*Monsieur*
34 et 63 C. N.	50 C. N.	prénom,	*Marius*
Id.	Id.	nom,	*F...,*
34 C. N.	Id.	âge,	*âgé de ... ans,*
34 et 63 C. N.	Id.	profession,	*propriétaire et négociant,*
Id.	Id.	domicile,	*demeurant en la commune* (ou ville)
		commune ou ville,	*de ...*
		hameau ou rue,	*au hameau de ...* (ou rue),
		maison ou n°,	*dans la ferme de ...* (ou n°),
408 C. N.		Si le futur est un mineur non émancipé, son domicile sera chez ses père et mère ou tuteur.	ou demeurant de droit en la commune de ... (domicile de ses père et mère ou tuteur), et de fait en la commune de ... (résidence réelle);
63 C. N.		qualité de majeur ou de mineur.	*majeur,* ou mineur,
488 C. N.		La majorité est fixée à 21 ans accomplis.	
		II. Père et mère du futur époux.	*fils de,*
340 C. N.		Si le futur est un enfant naturel, dire : « fils naturel, » et n'indiquer le nom de son père qu'autant que ce dernier l'aura régulièrement reconnu.	ou fils naturel de,
		Père : Si le père est décédé, dire : « fils de défunt. »	ou fils de défunt,
34 et 63 C. N.	50 C. N.	prénom,	*Monsieur Gaspard*

LOI QUI PRESCRIT LA FORMALITÉ	LOI QUI PUNIT L'OMISSION	INDICATION SOMMAIRE DES FORMALITÉS	FORMULE
34 et 63 C. N.	50 C. N.	nom,	*F...,*
Id.	Id.	profession,	*propriétaire* (ou en son vivant ...),
Id.	Id.	domicile,	*demeurant* (ou décédé) *en la com-*
		commune ou ville,	*mune* (ou ville) *de ...,*
		hameau ou rue,	*au hameau de ...* (ou rue),
		maison ou n°.	*dans le domaine de ...* (ou n°),
		Mère :	*et de Madame...*
Id.		prénom,	*Marie-Virginie*
Id.		nom,	*B...,*
Id.		profession,	*sans profession* (ou en son vivant ...),
Id.		domicile,	*demeurant* (ou décédée)
		commune ou ville.	*en ladite commune* (ou ville) *de ...*
108 C. N.		La femme mariée a le domicile de son mari.	*avec ledit sieur ..., son mari,*
		La femme séparée de corps par justice doit avoir un domicile distinct de celui de son mari.	ou demeurant séparément de son mari en la commune (ou ville) de ..., etc.,
		III. Cas de viduité du futur : prénom et nom de la précédente épouse.	*veuf en premières noces de Madame Ursule B...,* *en secondes noces de Madame Bernarde P...,* (et ainsi de suite),
		IV. Future épouse. (V. pour la dénomination, celle du futur époux, § I.)	*et Mademoiselle* (ou Madame), (V. la Dénomination des futurs époux.)
		V. Père et mère de la future épouse. (V. pour la dénomination, celle du futur époux, § II.)	(V. la Dénomination des futurs époux.)
		VI. Cas de viduité de la future épouse. (V. pour la dénomination, celle du futur époux, § III.)	(V. la Dénomination des futurs époux.)
		5° Lecture et affiche de la publication :	*laquelle publication.*
		lecture à haute voix,	*lue à haute et intelligible voix,*
64 C. N.		affiche, s'il s'agit de la première publication,	*a été affichée*
Id.		de suite,	*de suite à la porte principale de la maison commune,*
Id.		à la porte de la maison commune,	
		ou, en l'absence de maison commune, devant la porte de la maison du maire,	ou, en l'absence de maison commune, devant la porte de notre maison particulière, à nous maire, ou de la maison du maire absent (ou empêché) ;
Art. 3. loi 18 flor. an X.		ou, s'il s'agit d'une section isolée ayant un adjoint spécial, devant la porte de sa maison.	ou, attendu l'interruption des communications de ladite section de ... avec le chef-lieu de la commune, devant la porte principale de notre maison, à nous adjoint spécial ;
39 C. N.	50 C. N.	6° Clôture de l'acte de publication. Mention de la signature de l'officier de l'état civil.	*de tout quoi nous avons dressé le présent acte, que nous avons signé.*
Id.	Id.	7° Signature de l'officier de l'état civil. (V. au surplus le Protocole des Actes, § 2, Clôture, p. 12.)	*(Suit la signature de l'officier de l'état civil.)*

CHAPITRE DEUXIÈME. — AFFICHE ET PUBLICATION

SOMMAIRE : 1° Indication de la mairie où l'affiche ou publication est délivrée ;
2° Indication du rang de la publication : première ou seconde ; 3° Dénomination des futurs époux et de leurs pères et mères ; 4° Clôture de l'affiche ;
5° Signature de l'officier de l'état civil.

NOTA. — L'affiche est écrite sur timbre de 50 centimes, loi 13 brumaire an VII, art. 125 loi 2 juillet 1862.

LOI QUI PRESCRIT LA FORMALITÉ	LOI QUI PUNIT L'OMISSION	INDICATION SOMMAIRE DES FORMALITÉS	FORMULE
		1° INDICATION DE LA MAIRIE OU L'AFFICHE OU PUBLICATION EST DÉLIVRÉE : mairie ou section de commune, commune ou ville, canton, arrondissement, département. Extrait du registre des actes de publication de mariage. Si les parties ou le notaire des parties sont les rédacteurs de l'affiche, les indications qui précèdent deviennent inutiles. Dans ce cas, l'affiche est signée par celui qui l'a rédigée.	*Mairie* ou section de ... faisant partie *de la commune* (ou ville) *de ...,* *canton de ...,* *arrondissement de ...,* *département de ...* *Extrait du registre des actes de publication de mariage.*
64 C. N.		2° INDICATION DU RANG DE LA PUBLICATION : première ou seconde publication. La première publication seule doit être affichée.	*Première* ou seconde *publication.*
		3° DÉNOMINATION DES FUTURS ÉPOUX ET DE LEURS PÈRES ET MÈRES. (V. l'Acte de publication.)	*Il y a promesse de mariage entre* (copier ici textuellement les énonciations de l'acte de publication)...
42 C. N.	50 C. N.	4° CLÔTURE DE L'AFFICHE. Date, — en toutes lettres : année, mois, jour, — toujours un dimanche, heure. Officier de l'état civil. (V. le Protocole des Actes, p. 12.)	*Pour extrait certifié conforme ce dimanche ...,* *par nous ...,* (V. le Protocole des Actes, p. 12.)
39 C. N.	Id.	Mention de la signature de l'officier de l'état civil.	*soussigné.*
Id.	Id.	5° SIGNATURE DE L'OFFICIER DE L'ÉTAT CIVIL, accompagnée du sceau de la mairie.	*(Suit la signature de l'officier de l'état civil accompagnée du sceau de la mairie.)*

CHAPITRE TROISIÈME. — MENTION D'OPPOSITION A MARIAGE

A METTRE AU BAS OU EN MARGE DE L'ACTE DE PUBLICATION

Mention sommaire des oppositions sera faite, sous le délai, sur le registre des publications. — 67 C. N.
(V. le Protocole des Actes, § 6, Mention à mettre en marge des actes, p. 16.)

CHAPITRE QUATRIÈME. — MENTION DE MAINLEVÉE D'OPPOSITION

A METTRE EN MARGE OU A LA SUITE DE L'INSCRIPTION D'OPPOSITION

Il sera fait mention, en marge de l'inscription des oppositions, des jugements ou des actes de mainlevée dont expédition aura été remise à l'officier de l'état civil.
(V. le Protocole des Actes, § 6, Mention à mettre en marge des actes, p. 16.)

CHAPITRE CINQUIÈME. — CERTIFICAT DE PUBLICATION D'AFFICHE ET DE NON-OPPOSITION

1° Officier de l'état civil; 2° Certification de la première publication. Dénomination des Futurs époux et de leurs pères et mères; 3° Certification de la seconde publication; 4° Certification de l'affiche; 5° Certification de l'absence d'opposition; 6° Clôture du certificat. Date de sa délivrance; 7° Signature; 8° Légalisation.

NOTA. — Le certificat doit être écrit sur timbre et sur une feuille ou une demi-feuille, dite de petit papier, taxée à 1 fr. ou 50 cent. par la loi du 2 juillet 1862. — Loi du 13 Brumaire an VII, art. 12. Décision ministérielle du 16 septembre 1807.

LOI QUI PRESCRIT LA FORMALITÉ	LOI QUI PUNIT L'OMISSION	INDICATION SOMMAIRE DES FORMALITÉS	FORMULE
		1° OFFICIER DE L'ÉTAT CIVIL. (V. le Protocole des Actes, § 1er, Intitulé, p. 8.)	*Nous* ... (V. le Protocole des Actes, § 1er, Intitulé, p. 8.)
39 C. N.	50 C. N.	Mention de la signature de l'officier de l'état civil.	*soussigné,*
		2° CERTIFICATION DE LA PREMIÈRE PUBLICATION. Date de la publication:	*certifions* 1° *que*
42 C. N. 63 C. N.	Id.	L'écrire en toutes lettres. toujours un dimanche, année, mois, jour, heure (midi).	*le dimanche dix janvier mil huit cent soixante-neuf, à l'heure de* ... (midi),
Id.		Lieu de la publication : devant la porte principale de la maison commune, ou, en l'absence de maison commune, devant la porte de la maison du maire,	*devant la porte principale de la maison commune,* ou, attendu l'absence de maison commune, devant la porte principale de notre maison particulière, à nous maire, ou de la maison du maire absent (ou empêché),
Art. 3 loi 18 flor. an X.		ou, s'il s'agit d'une section isolée ayant un adjoint spécial, devant la porte de la maison de ce dernier.	ou, attendu l'interruption des communications de ladite section de ... avec le chef-lieu de la commune, devant la porte de notre maison, à nous adjoint spécial,

LOI QUI PRESCRIT LA FORMALITÉ	LOI QUI PUNIT L'OMISSION	INDICATION SOMMAIRE DES FORMALITÉS	FORMULE
63 C. N.		Première publication	*nous avons fait la première publi-*
Id.		par l'officier de l'état civil.	*cation du mariage projeté entre...*
		Dénomination des futurs époux et de leurs pères et mères.	
		(V. l'Acte de publication de mariage.)	(Copier ici textuellement les énonciations de l'acte de publication.)
		3° Certification de la deuxième publication.	*2° qu'une pareille publication*
Id.		Publication faite par l'officier de l'état civil,	*a été faite par nous*
		de la même manière	*de la même manière*
Id.		et au même lieu,	*et au même lieu,*
Id.		le dimanche suivant,	*le dimanche suivant*
Id.		Il doit y avoir huit jours d'intervalle entre les deux publications, c'est-à-dire que la seconde doit nécessairement être faite le dimanche qui suit celui où la première a eu lieu. Si on laissait passer ce dimanche sans faire la seconde, la première serait considérée comme non avenue, et il faudrait recommencer.	
34 C. N.		année,	*dix-sept dudit mois de janvier, à*
Id.		mois,	*l'heure de midi*
Id.		jour,	
Id.		heure (midi).	
42 C. N.	50 C. N.	Écrire en toutes lettres.	
169 C. N. et avis du Cons. d'État du 20 prair. an XI.		*Cas de dispense de la deuxième publication,*	ou 2° qu'une dispense de la seconde publication a été accordée au nom de l'empereur, par M. le procureur impérial, près le tribunal de première instance de ...
Id.		accordée au nom de l'empereur par le procureur impérial du ressort où le mariage doit être célébré.	
42 C. N.	50 C. N.	date, — en toutes lettres.	le
		4° Certification de l'affiche	*3° qu'un extrait de l'acte de publication a été et est resté affiché à*
64 C. N.		d'un extrait de l'acte de publication à la porte de la maison commune,	*la porte de ladite maison commune,*
		ou à la porte de la maison du maire,	ou de ladite maison du maire,
		ou à celle de la maison de l'adjoint spécial,	ou de ladite maison de l'adjoint spécial,
Id.		pendant les huit jours placés entre les deux publications.	*pendant les huit jours d'intervalle de l'une à l'autre publication,*
		5° Certification de l'absence d'opposition.	*4° enfin qu'il n'est survenu aucune*
		Cas de non-opposition ;	*opposition audit mariage,*
		cas d'opposition levée :	ou qu'il n'existe actuellement aucune opposition au mariage projeté ; celle formée par M. Pierre J...,
		dénomination de l'opposant :	
		prénom, nom, profession, domicile ;	propriétaire, demeurant à ...,
		exploit d'opposition, — huissier,	suivant exploit de l'huissier ...
42 C. N.		date, — en toutes lettres,	de..., en date du ...,
		mainlevée	ayant été levée par jugement du
		prononcée par jugement,	tribunal de première instance de..., le ...,
		ou consentie par acte notarié.	ou par acte reçu M..., notaire à ..., le ...

LOI QUI PRESCRIT LA FORMALITÉ	LOI QUI PUNIT L'OMISSION	INDICATION SOMMAIRE DES FORMALITÉS	FORMULE
		6° CLÔTURE DU CERTIFICAT. Date : lieu, — en mairie,	***En foi de quoi nous avons délivré le présent certificat, fait en mairie le sept janvier mil huit cent soixante-neuf, à quatre heures du soir.***
34 et 42 C. N.	50 C. N.	année,	
Id.	Id.	mois,	
Id.	Id.	jour,	
Id.	Id.	heure (en toutes lettres).	
64 C. N.	192 C. N.	Le certificat ne peut être délivré avant le troisième jour, depuis et non compris celui de la deuxième publication, c'est-à-dire avant le mercredi qui suit le dimanche où le mariage a été publié pour la deuxième fois, sous peine d'amende contre l'officier de l'état civil et contre les parties. S'il y a dispense de la deuxième publication, il est admis généralement que le certificat peut être délivré le troisième jour après la première publication.	
39 C. N.	50 C. N.	7° SIGNATURE DE L'OFFICIER DE L'ÉTAT CIVIL. La signature sera accompagnée du sceau de la mairie.	*(Suit la signature de l'officier de l'état civil.)*
42 C. N.	Id.	Elle sera apposée également à la suite des renvois et des approbations de rature.	
45 C. N. et loi 4 mai 1861.		8° LÉGALISATION. Elle sera nécessaire lorsque le certificat devra être produit dans un autre arrondissement que celui dont fait partie la commune où il est délivré. Elle a lieu par le président ou l'un des juges du tribunal, et pour les cantons où les juges de paix ne siégent pas au chef-lieu du ressort du tribunal, par le juge de paix du canton dont fait partie la commune où le certificat est délivré.	

SEPTIÈME PARTIE

FORMALITÉS SPÉCIALES ET FORMULES DES MARIAGES, DES CERTIFICATS DE CÉLÉBRATION DE MARIAGE ET DES TRANSCRIPTIONS D'ACTE DE MARIAGE

DIVISION. — CHAPITRE PREMIER, OBSERVATIONS GÉNÉRALES SUR LE MARIAGE; CHAPITRE DEUXIÈME, ACTE DE MARIAGE. FORMULE ET FORMALITÉS;
CHAPITRE TROISIÈME, CERTIFICAT DE CÉLÉBRATION DE MARIAGE; CHAPITRE QUATRIÈME, TRANSCRIPTION D'ACTE DE MARIAGE.

CHAPITRE PREMIER. — OBSERVATIONS GÉNÉRALES SUR LE MARIAGE

Il y a dans les mariages :

1° Des empêchements ou vices qui donnent lieu à des nullités absolues ou d'ordre public;

2° Des empêchements ou vices qui donnent lieu à des nullités relatives;

3° Et des formalités ou conditions principales qui prennent rang après celles qui constituent des cas de nullité.

Les empêchements ou vices qui, dans les mariages, donnent lieu aux nullités absolues ou d'ordre public, sont :

1° Le défaut de puberté ou d'âge compétent. — 144, 145, 184, 185, 186, 187, 190 C. N.

2° La bigamie ou la célébration d'un second mariage avant la dissolution du premier. — 147, 184, 188, 189, du 190 C. N. et 340 C. P.

3° L'inceste, ou le mariage entre parents ou alliés aux degrés prohibés. — 161, 162, 163, 164, 184, 190 C. N.

4° L'adoption à certains degrés. — 348 C. N.

5° L'état d'interdiction légale où se trouve le condamné à une peine afflictive pendant la durée de cette peine. — Art. 4 loi 31 mai 1854 et 29 C. P.

6° L'incompétence de l'officier de l'état civil. — 74, 165, 191 C. N.

7° Et le défaut de publicité de la célébration. — 166, 191 C. N.

Les empêchements ou vices qui, pour les mariages, donnent lieu aux nullités relatives, sont :

1° Le défaut de consentement de la part des époux ou de l'un d'eux. — 146, 180, 181 C. N.

2° L'erreur de personne. — 180, 181 C. N.

3° Le défaut de consentement des parents. — 148, 149, 150, 158, 159, 160, 182, 183 C. N. et 193, 195 C. P.

4° L'inobservation du délai de dix mois prescrit pour le mariage d'une femme veuve. — 228 C. N. et 194 C. P.

5° L'engagement des époux ou de l'un d'eux dans les ordres sacrés. — Inst. min. just. 27 janvier 1831.

6° La différence de couleur. — Circulaire du grand-juge du 18 nivôse an XI, qui défend le mariage entre blanc et noir.

7° Enfin, le défaut d'inscription de l'acte de mariage sur les registres de l'état civil. — 52, 194, 195, 197 C. N. et 192 C. P.

Les formalités ou conditions principales qui prennent rang après celles qui constituent des cas de nullité absolue ou relative, sont :

1° Les publications préalables. — 63, 64, 166, 167, 168, 169, 192 C. N.

2° L'absence d'opposition. — 68 C. N.

3° Les actes respectueux lorsqu'il sont prescrits. — 151, 152, 153, 154, 155, 157, 158 C. N.

4° La permission pour les militaires. — Décret 16 juin 1808; Décret 20 août 1808; Avis du Conseil d'Etat 21 décembre 1808; Décret 3 août 1808; Instructions ministérielles 25 janvier 1844, 27 décembre de la même année et 10 janvier 1854.

5° La production des pièces exigées. — Arg. 76, 144, 147, 148, 149, 150, 156, 184, 193 C. N.; Décret 16 juin 1808.

6° L'observation des délais prescrits entre la célébration du mariage et les publications, entre la première publication et la seconde, et entre les actes respectueux et la célébration. — 63, 64, 65, 152, 153, 192 C. N.

7° Enfin, la mention dans l'acte de mariage des consentements donnés aux époux. — 76, 156 C. N.

Il existe d'autres formalités, moins importantes, concernant la célébration et l'acte de mariage : les unes sont communes aux actes de l'état civil en général, et les autres sont spéciales aux actes de mariage. Toutes sont prévues dans le chapitre suivant.

CHAPITRE DEUXIÈME. — ACTE DE MARIAGE

SOMMAIRE : 1° Date de l'acte, Délais à observer, Publicité de la célébration, Compétence territoriale;

2° Pardevant. Officier de l'état civil, Compétence relative à la personne de l'officier de l'état civil;

3° Comparution des époux, Conditions essentielles de capacité;

4° Consentement des parents, Actes respectueux;

5° Production des pièces, Justification : 1[nt] du consentement des parents, actes respectueux; 2[nt] de l'âge des époux, dispense d'âge; 3[nt] du décès des parents, de leur absence, ou de l'impossibilité de manifester leur volonté; 4[nt] des publications, des affiches et de l'absence d'opposition dans les communes autres que celles où il est procédé; 5[nt] de la capacité des époux relativement aux autres conditions essentielles du mariage, actes de décès d'époux précédents, dispense de degrés, certificat de libération du service militaire, permission pour les militaires, certificat de capacité pour les étrangers; 6[nt] de la passation du contrat de mariage : mention de la lecture, du paraphe, du timbre, de la légalisation, de la traduction et de l'annexe des pièces; rectification d'erreurs signalées dans les pièces;

6° Mention des publications, de l'affiche et de l'absence d'opposition à la municipalité où le mariage est célébré;

7° Célébration : Lecture des pièces produites, Lecture du chapitre VI du titre du mariage, Déclaration par les contractants de se prendre pour époux, Prononcé de l'union par l'officier de l'état civil;

8° Légitimation d'enfants naturels ;

9° Présence de quatre témoins;

10° Clôture : Mention de la lecture de l'acte, Mention des signatures; Intervention de témoins honoraires : parents et amis présents;

11° Enfin, signatures de l'époux, de l'épouse, des parents donnant leur consentement, des quatre témoins instrumentaires, de l'officier de l'état civil et des témoins honoraires.

LOI QUI PRESCRIT LA FORMALITÉ	LOI QUI PUNIT L'OMISSION	INDICATION SOMMAIRE DES FORMALITÉS	FORMULE
		1° DATE DE L'ACTE DE CÉLÉBRATION. DÉLAIS A OBSERVER. PUBLICITÉ DE LA CÉLÉBRATION. COMPÉTENCE TERRITORIALE.	
228 C. N.	194 C. P. Cas de nullité relative.	La célébration du mariage d'une femme veuve ne peut avoir lieu qu'après l'expiration du délai de dix mois, à partir de la dissolution de son précédent mariage.	
64 C. N.	192 C. N. Formalités principales.	Elle ne peut avoir lieu, pour tous les mariages en général, avant le troisième jour, depuis et non compris celui de la deuxième publication, c'est-à-dire avant le mercredi qui suit le dimanche de la dernière publication.	
		S'il y a dispense de la deuxième publication, la plupart des auteurs admettent que le mariage peut être célébré le troisième jour après la première publication.	
65 C. N.	192 C. N. Formal. princ.	Elle doit avoir lieu dans l'année à compter de l'expiration du délai des publications. Passé ce délai d'un an, les publications devront être renouvelées.	
152, 153 C. N.	192 C. N. Formal. princ.	Enfin elle ne peut avoir lieu qu'un mois après la notification du dernier acte respectueux.	
42 C. N.	50 C. N.	La date sera écrite en toutes lettres.	
		Elle comprendra :	
34 C. N.	Id.	l'année,	*L'an mil huit cent soixante-neuf,*
Id.	Id.	le mois,	*le onze janvier,*
Id.	Id.	le jour,	
75 C. N.		Le jour est désigné par les parties.	
		La célébration peut avoir lieu même le dimanche.	
		l'heure,	*à trois heures de l'après-midi,*
Art. 2 loi 20 sept. 1792.		L'heure est à la disposition de l'officier de l'état-civil.	
		Le choix d'une heure avancée dans la nuit pourrait être considéré comme viciant la publicité nécessaire à la célébration.	
		le lieu,	
		Il est nécessaire d'indiquer le lieu de la célébration.	

LOI QUI PRESCRIT LA FORMALITÉ	LOI QUI PUNIT L'OMISSION	INDICATION SOMMAIRE DES FORMALITÉS	FORMULE
75 C. N.		Le lieu est de droit dans la maison commune. Il est l'un des éléments exigés pour la publicité du mariage. En l'absence de maison commune, la maison du maire la remplace.	*en notre maison commune,* ou, en l'absence de maison commune, en notre maison particulière à nous maire,
Art. 3 loi 18 flor. an X.		S'il s'agit d'une section isolée ayant un adjoint spécial, la maison de ce dernier remplace la maison commune.	ou, attendu l'interruption des communications de la section de ... avec le chef-lieu de la commune, devant la porte de notre maison à nous adjoint spécial,
Inst. min. just. 3 juillet 1811.		Si l'un des époux est dans l'impossibilité absolue de se rendre à la maison commune, il est admis que l'officier de l'état civil peut se rendre dans le lieu où l'un des futurs est retenu par ses infirmités, pour y procéder *publiquement* à la célébration du mariage; mais il faut qu'auparavant cette impossibilité soit constatée, et que dans l'acte de mariage il soit fait mention des causes de l'empêchement.	ou, attendu l'infirmité (ou la maladie grave) que nous avons préalablement constatée chez le futur époux (ou la future épouse), et qui l'a empêché de se rendre en la maison commune, en la maison de ce dernier sise en cette commune (ou ville), au hameau de ... (ou rue ...), dans la ferme de ... (ou n° ...), où nous nous sommes transporté,
	191, 193 C. N. Cas de nullité absolue.	Il est à remarquer, à l'égard du lieu où le mariage est célébré, que si ce lieu était hors du territoire de la commune de l'officier de l'état civil, il y aurait incompétence territoriale et par là même cause de nullité absolue du mariage.	
191 C. N.	193 C. N. Cas de nullité relative.	la chambre de la célébration avec indication de la présence ou de l'admission du public. Une des circonstances principales de la publicité de la célébration est la présence, ou tout au moins l'admission du public.	*dans une salle ouverte au public,*
74 et 165 C. N.	191, 193 C. N. Cas de nullité absolue.	2° PARDEVANT. OFFICIER DE L'ÉTAT CIVIL. COMPÉTENCE RELATIVE A L'OFFICIER PUBLIC. L'officier de l'état civil sera celui du domicile de l'un des époux, à leur choix, domicile établi par six mois de résidence continue. (Pour le surplus, voir le Protocole des Actes, § 1er, Intitulé, p. 8.)	*Pardevant nous ...* (V. le Protocole des Actes, p. 9.)
191 C. N.	193 C. N. Cas de nullité relative.	3° COMPARUTION DES ÉPOUX. Les époux doivent comparaître en personne et non par mandataire. La comparution doit être publique. Il est utile de faire mention de la publicité de la comparution.	*ont comparu* *publiquement*
144 C. N.	184 C. N. Cas de nullité absolue.	I. *Conditions essentielles de capacité.* 1° L'époux doit avoir 18 ans révolus et l'épouse 15 ans révolus, à moins de dispense d'âge accordée par l'empereur;	
147 C. N.	Id.	2° Les époux, ou l'un d'eux, ne peuvent être liés par les engagements d'un précédent mariage non dissous;	
161, 162, 163	184 C. N. Cas de	3° Les époux ne peuvent être entre eux ascendants	

LOI QUI PRESCRIT LA FORMALITÉ	LOI QUI PUNIT L'OMISSION	INDICATION SOMMAIRE DES FORMALITÉS	FORMULE
et 164 C. N.	nullité absolue.	et descendants légitimes ou naturels, alliés dans la même ligne, frère et sœur, beau-frère et belle-sœur, oncle et nièce, tante et neveu, à moins de dispense de degré pour ce qui concerne le beau-frère et la belle-sœur, l'oncle et la nièce, la tante et le neveu ;	
348 C. N.	348 C. N. Cas de nullité absolue.	4° Les époux ne peuvent être, entre eux, engagés par les liens de l'adoption à certains degrés ;	
18 et 29 C. P.	29 C. P. Cas. de nullité absolue.	5° Ils ne peuvent être, ni l'un ni l'autre, dans l'état d'interdiction légale où sont placés les condamnés aux travaux forcés perpétuels, aux travaux forcés à temps et à la réclusion pendant la durée de la peine ;	
146 C. N.	180 C. N. Cas de nullité relative.	6° Ils doivent donner réciproquement à leur mariage un consentement libre et éclairé. On considère comme viciant le consentement des époux : l'interdiction judiciaire, la démence, la violence et l'erreur de personne ;	
Inst. m. just. 27 janv. 1831.	Cas de nullité relative.	7° Ils ne peuvent être engagés, ni l'un ni l'autre, dans les ordres sacrés ou dans les ordres religieux reconnus ;	
Inst. m. just. 18 niv. an XI.	Id.	8° Enfin le mariage entre blanc et noir est défendu.	
		II. *Dénomination de l'époux et de ses père et mère :*	*M*
34 et 76 C. N.	50 C. N.	1° prénom de l'époux,	*Marcel*
		2° nom,	*D....*
322 C. N.		Les nom et prénom doivent être ceux de l'acte de naissance.	
347 C. N.		En cas d'adoption, on ajoutera au nom de l'acte de naissance celui de l'adoptant.	
34 et 76 C. N.	Id.	3° profession,	*étudiant en droit,*
Id.	Id.	4° âge,	*né le vingt juillet mil huit cent quarante-trois,*
42 C. N.	Id.	Écrire en toutes lettres. L'âge des époux se précise par l'indication du jour, du mois et de l'année où ils sont nés.	
76 C. N.		5° lieu de naissance,	*en la commune* (ou ville) *de ...*
34 et 76 C. N.	Id.	6° domicile, domicile précédent et domicile actuel,	*demeurant depuis plus de six mois* (ou un an) *et continuellement*, ou demeurant depuis moins de six mois (ou un an) en la commune de ..., et ayant demeuré auparavant pendant plus de six mois (ou un an) consécutifs,
74 C. N. 167 C. N.		En raison de la compétence de l'officier de l'état civil, d'une part, et des publications, d'autre part, il est nécessaire d'indiquer si le domicile est établi par une habitation continue de six mois ou d'un an.	
108 C. N.		domicile de fait et domicile de droit,	ou demeurant de fait en la commune de ..., et de droit, attendu son état de minorité sans émancipation avec ses père et mère (ou tuteur),
Id.		Le mineur non émancipé a son domicile chez ses père et mère ou tuteur.	
		commune ou ville,	*en la commune* (ou ville) *de ...,*
		hameau ou rue,	*au hameau de ...* (ou rue),
		maison ou n°,	*dans le domaine de ...* (ou n°),
76 C. N. 388, 488 C. N. Décis. m. just. 28 avril 1830.		7° qualité de majeur ou de mineur, La majorité est fixée à 21 ans accomplis.	*majeur,* ou mineur.

LOI QUI PRESCRIT LA FORMALITÉ	LOI QUI PUNIT L'OMISSION	INDICATION SOMMAIRE DES FORMALITÉS	FORMULE
		8° père et mère, dénomination :	*fils de,*
340 C. N.		Lorsque l'époux est un enfant naturel, il en est fait mention, mais on ne pourra indiquer le nom de son père qu'autant que ce dernier l'aura régulièrement reconnu.	ou fils naturel de,
		dénomination du père :	*M.* (ou défunt M.)
34 et 76 C. N.	50 C. N.	prénom,	*Paul*
Id.	Id.	nom,	*D...,*
Id.	Id.	profession,	*docteur en médecine* (ou en son vivant...),
Id.	Id.	domicile ;	*demeurant en la commune de ...,*
		dénomination de la mère :	*et de Madame...* (ou de défunte Mme)
Id.	Id.	prénom,	*Marguerite*
Id.	Id.	nom,	*G...,*
Id.	Id.	profession,	*sans profession,*
Id.	Id.	domicile;	*demeurant avec son mari en ladite commune de ...,*
108 C. N.		La femme mariée a le domicile de son mari.	
306 et suiv. C. N.		La femme séparée de corps par justice a un domicile distinct de celui de son mari.	ou demeurant séparément de son mari en la commune de ...,
Arg. 147 C. N.		9° cas de viduité de l'époux : prénom et nom de la précédente épouse ou des précédentes épouses.	*veuf en premières noces de Madame Adélaïde M..., en secondes noces de ...,* etc. ;
		III. *Dénomination de l'épouse et de ses père et mère.* (V. ci-devant, n° II, la dénomination de l'époux et de ses père et mère.)	*et Mademoiselle* (ou Madame). (Suivre la formule ci-devant indiquée pour l'époux et ses père et mère.)
		4° CONSENTEMENT DES PARENTS. ACTES RESPECTUEUX.	
182 C. N.	193 C. P. 182, 183. C. N. Cas de nul. rel.	Le consentement des parents est une formalité essentielle du mariage. Son absence serait une cause de nullité relative.	
76 et 156 C. N.	156 C. N. Formalité princ.	La mention du consentement des parents dans l'acte de célébration, de son côté, est une formalité principale du mariage. Son omission rendrait l'officier de l'état civil passible d'amende et d'emprisonnement.	
		Le consentement des parents peut avoir lieu de trois manières : 1. par le concours direct à l'acte de mariage de ceux qui doivent le donner;	
36 C. N.		2. par l'intermédiaire d'un mandataire ayant une procuration spéciale et authentique;	
73 C. N.		3. et par acte authentique, c'est-à-dire par acte notarié.	
157 C. N.	157 C. N. Formalité princ.	Les actes respectueux constituent une formalité principale du mariage. Ils suppléent, dans certains cas, au consentement des parents. Ils doivent être énoncés dans l'acte de mariage.	

LOI QUI PRESCRIT LA FORMALITÉ	LOI QUI PUNIT L'OMISSION	INDICATION SOMMAIRE DES FORMALITÉS	FORMULE
		I. *Consentements ou actes respectueux concernant l'époux.*	*Procédant, savoir : mondit sieur..., futur époux,*
148 C. N.	156 et 182 C. N. 193 C. P.	PREMIER CAS. — *L'époux a ses père et mère vivants, non absents, pouvant manifester leur volonté et consentant au mariage.*	
		1° Les père et mère sont présents à l'acte de célébration :	*avec l'assistance de ses père et mère prénommés, tous deux à ce présents et expressément consentants,*
		mention de leur présence,	
156 C. N.	156 C. N.	mention expresse de leur consentement.	
36 C. N.		2° Les père et mère sont représentés par un mandataire à la célébration :	ou de M. Hubert V..., âgé de...,
34 C. N.	50 C. N.	dénomination du mandataire :	négociant, demeurant en la commune de...,
Id.	Id.	nom,	
Id.	Id.	prénom,	
Id.	Id.	âge,	
Id.	Id.	profession,	
Id.	Id.	domicile ;	
		qualité de mandataire — des père et mère,	agissant au nom et comme mandataire desdits sieur et dame..., père et mère de l'époux,
36 C. N.	Id.	procuration spéciale	aux termes d'une procuration spéciale reçue par M^e..., notaire
Id.	Id.	et notariée :	à ..., le ..., dont le brevet (ou une
		date,	
42 C. N.	Id.	L'écrire en toutes lettres.	expédition) sera joint aux pièces ci-après produites,
		production de la procuration,	
		présence du mandataire.	ledit mandataire à ce présent et
76 et 156 C. N.	156 C. N.	Mention expresse du consentement.	expressément consentant ès noms et qualité,
		3° Les père et mère ont donné leur consentement par acte séparé :	ou avec le consentement donné par sesdits père et mère suivant
73 C. N.		acte notarié,	acte reçu par M^e..., notaire
		date,	à ..., le ..., dont le brevet (ou une
42 C. N.	50 C. N.	L'écrire en toutes lettres.	expédition) sera joint aux pièces
		production du consentement.	ci-après produites,
148 C. N.	182, 156. C. N. 193 C. P.	DEUXIÈME CAS. — *L'époux a ses père et mère vivants, non absents et pouvant manifester leur volonté. Le père seul est consentant. La mère est dissidente.*	
		1° Le père est présent à l'acte de célébration :	ou avec l'assistance de son père prénommé, à ce présent et expres-
76 et 156 C. N.	156 C. N.	mention expresse du consentement.	sément consentant,
		2° Le père est représenté par un mandataire. (V. ci-devant le premier cas, n° 2, page 41.)	(V. le premier cas, n° 2.)
		3° Le père a donné son consentement par acte séparé. (V. ci-devant le premier cas, n° 3, page 41.)	(V. le premier cas, n° 3.)
		Dissentiment de la mère.	
		Quelques officiers de l'état civil exigent que le dissentiment de la mère soit établi par un acte respectueux notifié à cette dernière. — D'autres trouvent suffisant le consentement seul du père.	sa mère étant non ici présente, attendu le dissentiment qui existe, à l'égard du présent mariage, entre elle et son dit mari, — ainsi que l'établit un acte respectueux notifié à la mère, à la demande de son fils,
		S'il y a acte respectueux, il en sera fait mention.	par M^e..., notaire à ..., le ...,

LOI QUI PRESCRIT LA FORMALITÉ	LOI QUI PUNIT L'OMISSION	INDICATION SOMMAIRE DES FORMALITÉS	FORMULE
152, 153 C. N.	192 C. N.	Et dans ce cas on devra observer le délai d'un mois entre l'acte respectueux et l'acte de célébration.	
169 C. N.	156, 182 C. N. 193 C. P.	TROISIÈME CAS. — *Le père de l'époux est décédé, absent ou dans l'impossibilité de manifester sa volonté. La mère est consentante.*	
		1° La mère est présente à l'acte de célébration :	ou avec l'assistance de sa mère prénommée, à ce présente et expressément consentante,
76 et 156 C. N.	156 C. N.	mention du consentement.	
		2° La mère est représentée par un mandataire.	
		(V. ci-devant le premier cas, n° 2, p. 41.)	(V. le premier cas, n° 2.)
		3° La mère a donné son consentement par acte séparé.	
		(V. ci-devant le premier cas, n° 3, p. 41.)	(V. le premier cas, n° 3.)
		4° La mère a convolé à un nouveau mariage :	ladite dame, actuellement épouse de
		prénom,	M. Nestor
		nom,	L...,
		âge,	âgé de ... ans,
		profession	pharmacien,
		et domicile du nouveau mari,	avec lequel elle demeure à ..., à
		présent pour autoriser sa femme, ou non présent.	ce présent pour autoriser sa femme (ou non présent),
		La présence et l'autorisation du second mari ne sont pas nécessaires.	(Rappeler, s'il y a lieu, la circonstance qui empêche le père de manifester sa volonté.)
150 C. N.	156, 182 C. N. 193 C. P.	QUATRIÈME CAS. — *Les père et mère de l'époux sont décédés, absents ou dans l'impossibilité de manifester leur volonté. Il existe des aïeuls ou aïeules survivants, présents et consentants.*	
		1° L'ascendant est présent, — ou les ascendants sont présents, — à l'acte de célébration :	
34 et 76 C. N.	50 C. N.	nom,	ou avec l'assistance de M. Evariste
Id.	Id.	prénom,	C..., peintre d'histoire, demeurant
Id.	Id.	âge,	à ..., aïeul paternel (ou maternel)
Id.	Id.	profession	seul à ce présent et expressément
Id.	Id.	et domicile de l'ascendant, — ou de chaque ascendant, — présent,	consentant, attendu le décès
		qualité d'aïeul paternel ou maternel.	
76 et 182 C. N.	156, 182 C. N. 193 C. P.	Mention expresse du consentement.	
		Mention du décès ou de l'impossibilité de manifester leur volonté des autres ascendants.	ou l'impossibilité de manifester leur volonté par suite de ... des père et mère et des autres aïeuls et aïeules, ainsi qu'il en sera ci-après justifié.
		2° L'ascendant est représenté par un mandataire.	
		(V. le premier cas, n° 2, p. 41.)	(V. le premier cas, n° 2.)
		3° L'ascendant a donné son consentement par un acte séparé.	
		(V. le premier cas, n° 3, p. 41.)	(V. le premier cas, n° 3.)
151 C. N.	157 C. N.	CINQUIÈME CAS. — *L'époux a ses père et mère ou l'un*	

LOI QUI PRESCRIT LA FORMALITÉ	LOI QUI PUNIT L'OMISSION	INDICATION SOMMAIRE DES FORMALITÉS	FORMULE
		d'eux, ou des aïeuls ou aïeules. — tous non présents et non consentants. Il produit un ou trois actes respectueux.	
148, 151 C. N.	193 C. P. Cas de nul. rel. 182, 183 C. N.	Pour que le mariage puisse être célébré malgré le défaut de consentement des ascendants, et sur la production des actes respectueux, il faut que l'époux ait 25 ans accomplis et l'épouse 21 ans accomplis.	
148, 149 C. N.		1° Les père et mère, ou l'un d'eux, sont vivants.	ou à défaut de consentement de ses père et mère,
150 C. N.		2° Les père et mère sont décédés; ils sont remplacés par des aïeuls.	ou attendu le décès de ses père et mère et le défaut de consentement de Mme Suzanne L..., âgée de ... ans, propriétaire, demeurant à ..., veuve de ..., son aïeule maternelle (ou paternelle) et son seul ascendant actuellement existant,
34 C. N.	50 C. N.	Dénomination de l'aïeul ou des aïeuls :	
Id.	Id.	prénom,	
Id.	Id.	nom,	
Id.	Id.	âge,	
Id.	Id.	profession,	
Id.	Id.	domicile,	
		qualité d'aïeul paternel ou maternel,	
		seul ascendant actuellement existant.	
		Actes respectueux.	procédant en vertu de la demande respectueuse qu'il lui (ou leur) a adressée suivant acte reçu par Me..., notaire à ....
154 C. N.	157 C. N.	Les actes respectueux, lorsqu'ils sont prescrits, forment une formalité principale du mariage.	
N°5, ar. 76 C.N.		Il doit en être fait mention dans l'acte de célébration :	
		notaire qui a reçu la demande respectueuse,	
42 C. N.	50 C. N.	date (en toutes lettres),	le ...,
		notaire qui a fait la notification,	et qui lui (ou leur) a été notifiée par Me..., notaire à ....
154 C. N.		L'acte respectueux et sa notification sont deux actes distincts.	le ...,
42 C. N.	Id.	date de la notification (en toutes lettres).	
153 C. N.	192 C. N.	Après l'âge de 30 ans accomplis pour les fils et de 25 ans accomplis pour les filles, le mariage pourra être célébré, à défaut de consentement, sur un seul acte respectueux, un mois après.	
152 C. N.	157 C. N.	Renouvellement de l'acte respectueux.	
Id.		Depuis l'âge de 25 ans accomplis pour les fils jusqu'à l'âge de 30 ans accomplis, et depuis l'âge de 21 ans pour les filles jusqu'à l'âge de 25 ans, l'acte respectueux sera renouvelé deux autres fois, de mois en mois.	
		Premier renouvellement :	
Id.	192 C. N.	Il devra être fait un mois au moins après la notification primitive.	demande respectueuse qui a été renouvelée une première fois, suivant acte reçu Me..., notaire à ..., le ...,
		notaire qui a reçu la deuxième demande respectueuse,	
42 C. N.	50 C. N.	date de la deuxième demande respectueuse (en toutes lettres),	
		notaire qui a notifié la deuxième demande respectueuse,	
Id.	Id.	date de la deuxième notification (en toutes lettres),	notifiée une seconde fois par Me..., notaire à ..., le ... .

LOI QUI PRESCRIT LA FORMALITÉ	LOI QUI PUNIT L'OMISSION	INDICATION SOMMAIRE DES FORMALITÉS	FORMULE
		Deuxième renouvellement :	
152 C. N.	192 C. N.	Il devra être fait un mois au moins après la notification du premier renouvellement.	renouvelée une seconde fois suivant acte reçu Me...,
		notaire qui a reçu la troisième demande respectueuse,	notaire à ...,
		date de la troisième demande respectueuse	le ...,
42 C. N.	50 C. N.	(en toutes lettres),	et notifiée une troisième fois par
		notaire qui a notifié la troisième demande respectueuse,	Me..., notaire à ...,
		date de la troisième notification	le ...,
Id.	Id.	(en toutes lettres).	
152 C. N.	192 C. N.	Un mois après la notification du troisième acte respectueux, il pourra être passé outre à la célébration du mariage.	
	156, 182 C. N. 193 C. P.	SIXIÈME CAS. — *L'époux est un enfant naturel légalement reconnu, ayant ses père et mère ou l'un d'eux.*	
		L'enfant naturel, légalement reconnu, est dans les mêmes conditions que l'enfant légitime, à l'égard du consentement de ses père et mère et à l'égard de l'acte respectueux.	
		On pourra donc suivre, pour le sixième cas, les indications et la formule des premier, deuxième, troisième et cinquième cas.	(V. les premier, deuxième, troisième et cinquième cas.)
	156, 182 C. N. 193 C. P.	SEPTIÈME CAS. — *L'époux est un enfant naturel non reconnu, ou qui, après avoir été reconnu, a perdu ses père et mère, ou ces derniers sont dans l'impossibilité de manifester leur volonté; il n'a pas 21 ans accomplis.*	
156 C. N.	156, 182 C. N. 193 C. P.	Il doit produire alors, ainsi que l'épouse qui se trouverait dans les mêmes conditions de famille et d'âge, le consentement d'un tuteur *ad hoc*.	
		1° Le tuteur *ad hoc* est présent à la célébration.	
		Assistance à l'acte et dénomination du tuteur *ad hoc* :	ou avec l'assistance de M. Emmanuel J..., âgé de ... ans, fabricant de papier, demeurant à ..., tuteur *ad hoc* de l'époux.
34 C. N.	50 C. N.	prénom,	
Id.	Id.	nom,	
Id.	Id.	âge,	
Id.	Id.	profession,	
Id.	Id.	domicile,	
		qualité de tuteur *ad hoc*.	
		Circonstance qui a donné lieu à sa nomination :	nommé par suite de l'état de ce dernier d'enfant naturel non reconnu,
159 C. N.		I. Enfant naturel non reconnu.	
Id.		II. Décès des père et mère naturels.	ou par suite du décès des père et mère naturels de ce dernier,
Id.		III. Impossibilité par les père et mère naturels de manifester leur volonté : cause.	ou par suite de l'impossibilité par les père et mère naturels de ce dernier de manifester leur volonté, en raison de ...,
		Délibération du conseil de famille qui nomme le tuteur *ad hoc* :	par délibération du conseil de famille dudit époux mineur, prise
406 C. N.		juge de paix qui a présidé la délibération,	sous la présidence de M. le juge de

LOI QUI PRESCRIT LA FORMALITÉ	LOI QUI PUNIT L'OMISSION	INDICATION SOMMAIRE DES FORMALITÉS	FORMULE
		Ce sera celui du domicile où s'est ouverte la tutelle de l'époux.	paix du canton de ...,
42 C. N.	50 C. N.	date (en toutes lettres),	le...,
		remise d'une expédition.	dont une expédition, à nous représentée, sera jointe aux pièces ci-après produites, à ce présent,
		Mention de la présence du tuteur *ad hoc*.	
76 C. N.	156 C. N.	Mention expresse de son consentement.	et expressément consentant.
36 C. N.		2° Le tuteur *ad hoc* est représenté par un mandataire. (V. le premier cas, n° 2, page 41.)	(V. le premier cas, n° 2.)
73 C. N.		3° Le tuteur *ad hoc* a donné son consentement par un acte séparé. (V. le premier cas, n° 3, page 41.)	(V. le premier cas, n° 3.)
160 C. N.	156, 182 C. N. 193 C. P.	HUITIÈME CAS. — *L'époux n'a ni père ni mère, ni aïeuls ni aïeules, ou ces derniers sont dans l'impossibilité de manifester leur volonté; il n'a pas 21 ans accomplis.*	
Id.		Il doit produire alors, ainsi que l'épouse qui se trouverait dans les mêmes conditions de famille et d'âge, le consentement de son conseil de famille.	
		1° Le conseil de famille a donné un consentement pur et simple; il n'a pas délégué l'un de ses membres pour assister à la célébration :	ou procédant, attendu le décès (l'absence ou l'impossibilité de manifester leur volonté) de ses père et mère, aïeuls et aïeules, ainsi qu'il en sera ci-après justifié,
76 C. N.	156 C. N.	Mention expresse du consentement.	avec le consentement de son conseil de famille donné par délibération
406 C. N.		Juge de paix qui a présidé la délibération. Ce sera celui du domicile où la tutelle de l'époux s'est ouverte.	prise sous la présidence de M. le juge de paix du canton de ...,
42 C. N.	50 C. N.	Date de la délibération (en toutes lettres). Production d'une expédition.	le ..., dont une expédition à nous représentée sera jointe aux pièces ci-après produites.
		2° Le conseil de famille, après avoir donné son consentement dans la délibération, a, de plus, délégué l'un de ses membres pour assister à la célébration. Ajouter alors :	
34 C. N.	Id.	Dénomination du membre du conseil de famille délégué :	et avec l'assistance de M. Gaspard G..., âgé de ... ans, ébéniste, demeurant à ...
Id.	Id.	prénom,	
Id.	Id.	nom,	
Id.	Id.	âge,	
Id.	Id.	profession,	
Id.	Id.	domicile.	
		Mention de sa présence à l'acte de célébration.	à ce présent
76 C. N.	156 C. N.	Mention expresse de son consentement. Qualité de membre délégué par le conseil de famille.	et expressément consentant, comme délégué par ledit conseil de famille pour assister au présent mariage.
		NEUVIÈME CAS. — *L'époux n'a ni père ni mère, ni aïeuls ni aïeules, ou ces derniers sont dans l'impossibilité de manifester leur volonté; il a 21 ans accomplis : il est enfant légitime ou enfant naturel*	ou procédant, comme étant libre de ses droits, ses père et mère, aïeuls étant décédés (ou absents, ou dans l'impossibilité de manifester

LOI QUI PRESCRIT LA FORMALITÉ	LOI QUI PUNIT L'OMISSION	INDICATION SOMMAIRE DES FORMALITÉS	FORMULE
160 C. N.		*reconnu, ou encore enfant naturel non reconnu.* Dans ces divers cas, l'époux, ainsi que l'épouse qui se trouverait dans les mêmes conditions, ne procède que de son consentement.	leur volonté), ou n'ayant ni père ni mère par suite de son état d'enfant naturel non reconnu, et ayant vingt et un ans accomplis,
L. 15 pluviôse an XIII. — Art. 15 Décret 19 janvier 1811. 159 C. N.		DIXIÈME ET DERNIER CAS. — *L'époux est un enfant naturel non reconnu, exposé ou déposé dans un hospice; il n'a pas 21 ans accomplis.* Dans ce cas, l'époux, ainsi que l'épouse qui se trouverait dans les mêmes conditions, doit produire le consentement du membre de la commission administrative de l'hospice chargé de sa tutelle.	
		1° Le membre de la commission chargé de la tutelle est présent à la célébration. Dénomination :	ou avec l'assistance de M. Louis P..., âgé de ... ans, propriétaire, demeurant à ..., membre de la commission administrative de l'hospice de ..., où le futur a été déposé, et chargé de la tutelle de ce dernier
34 C. N.	50 C. N.	prénom,	
Id.	Id.	nom,	
Id.	Id.	âge,	
Id.	Id.	profession,	
Id.	Id.	domicile,	
		qualité de membre de la commission,	
		hospice où le futur a été déposé,	
		qualité de tuteur.	
76 C. N.		Mention de sa présence à la célébration.	à ce présent
36 C. N.	156 C. N.	Mention expresse de son consentement.	et expressément consentant,
		2° Le membre de la commission est représenté par un mandataire muni d'une procuration spéciale et authentique. (V. le premier cas, n° 2, page 41.)	(V. le premier cas, n° 2.)
		3° Il a donné son consentement par un acte authentique séparé. (V. le premier cas, n° 3, page 41.)	(V. le premier cas, n° 3.)
		II. *Consentements ou actes respectueux concernant l'épouse.* (V. ceux concernant l'époux, n° I, dans les dix cas, pages 41 à 46.)	(V. le n° I dans les dix cas.)
		5° PRODUCTION DES PIÈCES. La production des pièces justifiant les conditions essentielles de capacité des époux, relativement au mariage, est l'une des formalités principales de la célébration.	
		Réquisition par les époux à l'officier de l'état civil, de procéder à la célébration du mariage.	*lesquels nous ont requis de procéder à la célébration du mariage projeté entre eux,*
		Justifications produites,	*et à cet effet nous ont produit,*
		Lorsque la minute de l'acte justificatif ne sera pas dans les minutes ou dans les archives de la mairie où le mariage est célébré, l'acte sera produit par la remise d'une expédition en forme.	
		ou rappelées.	*ou rappelé :*
Décis. partic.		Lorsqu'au contraire la minute dudit acte se	

LOI QUI PRESCRIT LA FORMALITÉ	LOI QUI PUNIT L'OMISSION	INDICATION SOMMAIRE DES FORMALITÉS	FORMULE
min. justice 10 août 1818.		trouvera dans les archives de la mairie où il est procédé à la célébration, l'officier de l'état civil pourra se borner à en prendre connaissance sur la minute et dispenser les parties de la production d'une expédition.	
		1° *Justification du consentement des parents, — ou actes respectueux.*	1° *le consentement de leurs parents respectifs* (ou les actes respectueux qui leur ont été signifiés) *contenu aux présentes* (ou ci-devant énoncé), ainsi que les procurations et délibérations qui les ont précédées ,
	Arg. 144, 184 C. N.	2° *Justification de l'âge des époux.*	2° *l'acte de naissance de l'époux reçu par l'officier de l'état civil de la commune* (ou ville) *de ...,*
70 C. N.		I. *Acte de naissance de l'époux :*	
		commune où il a été dressé,	*le ....*
42 C. N.	50 C. N.	date (en toutes lettres),	ou attendu l'impossibilité de produire l'acte de naissance de l'époux, un acte de notoriété dressé,
70 C. N.		ou acte de notoriété :	
Id.		attendu l'impossibilité de produire l'acte de naissance,	
71 C. N.		déclaration de sept témoins,	sur la déclaration de sept témoins,
		juge de paix qui a reçu l'acte,	par le juge de paix du canton de ...,
70 C. N.		Ce sera celui du lieu de la naissance ou celui du domicile de l'époux.	
42 C. N.	Id.	date de l'acte de notoriété (en toutes lettres),	le ...,
72 C. N.		homologation par le tribunal,	et homologué par un jugement du tribunal civil de première instance de ...,
Id.		Le tribunal sera celui du lieu où doit se célébrer le mariage.	
42 C. N.	Id.	date de l'homologation (en toutes lettres),	le ...,
		naissance :	et constatant que la naissance du futur a eu lieu en la commune de
		lieu,	
Id.	Id.	date (en toutes lettres),	..., le ...,
46 C. N.		ou jugement de rectification :	ou attendu la perte (ou la non existence) des registres de l'état civil de la commune de ..., où a eu lieu la naissance de l'époux, un jugement de rectification rendu
		attendu la perte ou la non existence des registres de l'état civil;	
		commune,	
42 C. N.	Id.	tribunal qui a rendu le jugement de rectification,	par le tribunal de première instance de ..., le ..., établissant que la naissance a eu lieu le ... ;
Id.	Id.	date (en toutes lettres),	
		date de la naissance (en toutes lettres).	
		II. *Inscription de l'acte d'adoption de l'époux:*	3° *l'inscription de l'acte d'adoption de l'époux par M. Jules B..., faite sur les registres de l'état civil de la commune de ..., le...;*
		prénom et nom de l'adoptant,	
		commune où l'inscription a eu lieu,	
Id.	Id.	date de l'inscription (en toutes lettres).	
145 C. N.		III. *Dispense d'âge accordée à l'époux:*	4° *la dispense d'âge accordée à l'époux âgé de moins de dix-huit ans, par S. M. l'empereur, par décret en date du ...,*
Id.		attendu que l'époux n'a pas atteint l'âge de 18 ans;	
Id.		décret impérial,	
42 C. N.	Id.	date du décret (en toutes lettres),	
Arrêté du 20 prairial an XI.		enregistrement au greffe du tribunal dans le ressort duquel le mariage sera célébré,	*enregistré au greffe du tribunal de première instance de ..., le ...,*
Id.		ordonnance du président du tribunal prescrivant l'enregistrement.	*en vertu d'une ordonnance du président dudit tribunal du ...;*
		IV. *Acte de reconnaissance du futur époux, par ses*	5° *l'acte de reconnaissance du*

LOI QUI PRESCRIT LA FORMALITÉ	LOI QUI PUNIT L'OMISSION	INDICATION SOMMAIRE DES FORMALITÉS	FORMULE
		père et mère naturels, ou par l'un d'eux, lorsque cette reconnaissance a eu lieu par un acte séparé de l'acte de naissance.	*futur époux par son père naturel (ou par sa mère naturelle, ou par ses père et mère naturels) devant l'officier de l'état civil de la commune de ...,*
334 C. N.		officier de l'état civil,	
Id.		ou juge de paix,	ou le juge de paix du canton de...,
Id.		ou notaire,	ou devant le notaire ..., de ...,
42 C. N.	50 C. N.	date (en toutes lettres).	le ...,
		V. *Acte de naissance de l'épouse.*	
		(V. n° I, acte de naissance de l'époux, page 47.)	6° (V. n° I, 2°.)
		VI. *Inscription de l'acte d'adoption de l'épouse.*	
		(V. n° II, concernant l'époux, page 47.)	7° (V. n° II, 3°.)
		VII. *Dispense d'âge accordée à l'épouse âgée de moins de 15 ans.*	8° (V. n° III, 4°.)
		(V. n° III, concernant l'époux, page 47.)	
		VIII. *Acte de reconnaissance de l'épouse par ses père et mère naturels, en dehors de l'acte de naissance.*	9° (V. n° IV, 5°.)
		(V. n° IV, concernant l'époux, page 47.)	
		3° *Justification du décès des parents, de leur absence ou de leur impossibilité de manifester leur volonté.*	
		N° 1. *Père et mère de l'époux.*	
		Premier cas. — Représentation des actes de décès : acte de décès du père : commune,	10° *les actes de décès des père et mère de l'époux dressés : celui du père par l'officier de l'état civil de*
Id.	Id.	date (en toutes lettres);	*la commune de ..., le ...,*
	Id.	acte de décès de la mère : commune,	*et celui de la mère par l'officier de l'état civil de la commune de ...,*
Id.		date (en toutes lettres).	*le ...,*
Avis du Cons. d'État 4 thermidor an XIII.		Deuxième cas. — Attestation par les aïeuls et aïeules comparant pour remplacer les actes de décès des père et mère.	ou 10° pour remplacer les actes de décès des père et mère de l'époux, l'attestation faite en ces
Id.		Il n'est pas nécessaire de produire les actes de décès des père et mère des futurs mariés, lorsque les aïeuls et aïeules attestent ce décès; mais dans ce cas il doit être fait mention de leur attestation dans l'acte de mariage.	présentes par ses aïeuls et aïeules comparants, lesquels déclarent que lesdits père et mère sont décédés, le père en la commune de ..., le ..., la mère en la commune de .... le ...,
Avis du Cons. d'État 4 thermidor an XIII.		Troisième cas. — Impossibilité de produire les actes de décès des père et mère ou la preuve de leur absence.	ou 10° attendu l'impossibilité par les époux de produire les actes de décès de ses père et mère (ou la preuve de leur absence), la déclara-
		Déclaration par serment de l'époux et des témoins.	tion faite en ces présentes par
Id.		Il faut pour cela que l'époux soit majeur de 21 ans accomplis.	l'époux majeur, sous serment prêté entre nos mains que le lieu du décès
Id.		Déclaration faite par l'époux majeur,	et celui du dernier domicile lui sont
Id.		sous serment prêté entre les mains de l'officier	inconnus ;
Id.		public, que le lieu du décès et celui du dernier domicile de ses père et mère lui sont inconnus.	
Id.		Certification de la déclaration,	déclaration qui est certifiée,
Id.		sous serment,	sous serment, par les quatre
Id.		par les témoins,	témoins ci-après dénommés, les-
Id.		avec affirmation,	quels affirment que quoiqu'ils con-
Id.		que quoiqu'ils connaissent le futur époux, ils	naissent le futur époux, ils igno-

LOI QUI PRESCRIT LA FORMALITÉ	LOI QUI PUNIT L'OMISSION	INDICATION SOMMAIRE DES FORMALITÉS	FORMULE
Avis du Cons. d'Etat 4 thermidor an XIII.		ignorent le lieu du décès de ses père et mère et leur dernier domicile.	rent le lieu du décès de ses père et mère et leur dernier domicile,
70 C. N.		QUATRIÈME CAS. — Représentation d'un acte de notoriété constatant le décès :	ou 10e attendu l'impossibilité de produire les actes de décès des père et mère de l'époux, un acte de notoriété dressé sur la déclaration de sept témoins, par le juge de paix du canton de ..., le ..., homologué par jugement du tribunal de première instance de ..., le ..., et constatant que le décès du père de l'époux a eu lieu à ..., le ..., et celui de la mère à ..., le ...,
Id.		attendu l'impossibilité de produire les actes de décès,	
Id.		déclaration de sept témoins,	
Id.		devant le juge de paix du lieu du décès ou du domicile de l'époux,	
42 C. N.	50 C. N.	date de l'acte de notoriété (en toutes lettres),	
72 C. N.		homologation par le tribunal du lieu où le mariage devra se célébrer,	
42 C. N.	Id.	date de l'homologation (en toutes lettres),	
		lieu du décès,	
		date du décès.	
46, 99 et 100 C. N.		CINQUIÈME CAS. — Représentation d'un jugement de rectification, attendu la perte ou la non existence des registres de l'état civil :	ou 10e attendu la perte (ou la non existence) des registres de l'état civil de la commune de ..., un jugement de rectification rendu par le tribunal de première instance de ..., le ...,
		commune,	
		tribunal,	
42 C. N.	Id.	date du jugement (en toutes lettres),	
Id.	Id.	date du décès (en toutes lettres).	établissant que le décès du père de l'époux a eu lieu le ..., et celui de la mère le ...,
155, 115 et 119 C. N.		SIXIÈME CAS. — Absence :	ou 10e un jugement rendu par le tribunal de première instance de ..., le ..., déclarant l'absence des père et mère de l'époux,
Id.		I. Jugement qui déclare l'absence,	
155, 116 C. N.		II. ou jugement qui ordonne l'enquête,	ou ordonnant une enquête pour constater l'absence des père et mère de l'époux,
155 C. N.		III. ou acte de notoriété.	ou 10e un acte de notoriété dressé, sur la déclaration de quatre témoins, par le juge de paix du canton de ..., le ..., constatant, à défaut de jugement, l'absence des père et mère de l'époux,
Id.		Déclaration de quatre témoins	
Id.		devant le juge de paix du dernier domicile connu des père et mère absents.	
42 C. N.	Id.	Date de l'acte de notoriété (en toutes lettres).	
		SEPTIÈME CAS. — Impossibilité de manifester de volonté.	ou 10e attendu l'impossibilité par les père et mère de l'époux de manifester leur volonté,
		I. Interdiction judiciaire :	un jugement du tribunal de première instance de ... du ..., prononçant leur interdiction (ou admettant la preuve des faits pouvant donner lieu à l'interdiction),
		jugement qui prononce l'interdiction,	
893 C. proc. civ.		ou qui admet la preuve des faits pouvant donner lieu à l'interdiction,	
494, 495 et 496 C. N.		ou avis du conseil de famille admettant l'interdiction.	ou un avis du conseil de famille réuni sous la présidence du juge de paix du canton de ..., le ..., portant qu'il y a lieu à l'interdiction,
153 C. N.		II. Etat d'imbécillité ou de démence, sans interdiction :	ou un acte de notoriété dressé sur la déclaration de quatre témoins par le juge de paix du canton de ...,
Id.		acte de notoriété	
Id.		dressé sur la déclaration de quatre témoins,	

LOI QUI PRESCRIT LA FORMALITÉ	LOI QUI PUNIT L'OMISSION	INDICATION SOMMAIRE DES FORMALITÉS	FORMULE
153 C. N.		par le juge de paix du domicile des père et mère,	le ..., constatant leur état notoire d'imbécillité (ou de démence, ou de fureur),
42 C. N.	50 C. N.	date (en toutes lettres).	
29 C. P.		III. Condamnation à une peine afflictive ou infamante, pendant la durée de la peine : arrêt de la Cour d'assises, ou jugement du tribunal correctionnel, extrait des registres du bagne ou d'un autre lieu de détention.	ou un arrêt de la Cour d'assises de ... (ou un jugement du tribunal correctionnel de...), en date du ..., portant condamnation desdits père et mère à une peine afflictive (ou infamante), accompagné d'un extrait des registres du bagne (ou de la prison de détention) de ..., établissant la durée actuelle de leur peine,
		IV. Maladie grave et continue ou infirmité permanente : certificat d'un médecin ou chirurgien.	ou un certificat de M. ..., docteur en médecine (ou en chirurgie) en date du ..., attestant leur maladie grave et continue (ou leur infirmité permanente),
		V. Sourd et muet ne sachant ni lire ni écrire. Certificat d'un médecin ou chirurgien.	ou un certificat délivré par M. ..., docteur en médecine (ou en chirurgie) le ..., constatant leur état de sourds et muets ne sachant ni lire ni écrire;
		N° 2. *Père et mère de l'épouse.* (V. le n° 1 concernant les père et mère de l'époux, pages 48 à 50.)	11° (Suivre la formule du n° 10 concernant les père et mère de l'époux.)
		N° 3. *Aïeuls et aïeules de l'époux.* PREMIER CAS. — Représentation des actes de décès. I. Aïeul paternel : prénom et nom, commune du décès,	12° *les actes de décès des aïeuls et aïeules de l'époux, dressés* savoir : celui de l'aïeul paternel, M. Lazare C..., par l'officier de l'état civil de la commune de ..., le ...,
42 C. N.	50 C. N.	date (en toutes lettres). II. Aïeule paternelle. III. Aïeul maternel. IV. Aïeule maternelle. (Pour les autres cas, v. le n° 1 concernant les père et mère de l'époux, pages 48 à 50.)	celui de l'aïeule paternelle, etc., celui de l'aïeul maternel, etc., et celui de l'aïeule maternelle, etc. (Pour le surplus suivre la formule du n° 10 concernant les père et mère de l'époux, applicable aux aïeuls et aïeules, sauf le 2e cas.)
		N° 4. *Aïeuls et aïeules de l'épouse.* (V. le n° 1 concernant les père et mère de l'époux, et le n° 3 concernant ses aïeuls et aïeules, pages 48 à 50.)	13° (Suivre la formule nos 10 et 12.)
		4° ***Justification des publications, des affiches et de l'absence d'opposition dans les communes où elles ont dû avoir lieu, autres que celle où il est procédé à la célébration.***	
63 et 64 C. N.	68 et 192 C. N.	Les publications, les affiches et l'absence d'opposition sont des formalités ou conditions principales du mariage.	
§ 6 et 7, art. 76 C. N.		Elles doivent être mentionnées dans l'acte de célébration.	
64 C. N.	192 C. N.	La célébration ne peut avoir lieu avant le troisième jour, depuis et non compris celui de la deuxième publication, c'est-à-dire avant le	

LOI QUI PRESCRIT LA FORMALITÉ	LOI QUI PUNIT L'OMISSION	INDICATION SOMMAIRE DES FORMALITÉS	FORMULE
		mercredi qui suit le dimanche de la dernière publication.	
		S'il y a dispense de la deuxième publication, la plupart des auteurs admettent que le mariage peut être célébré le troisième jour après la première publication.	
65 C. N.	192 C. N.	La célébration doit avoir lieu dans l'année, à compter de l'expiration du délai des publications. Passé ce délai d'un an, les publications devront être renouvelées.	
166 C. N.	Id.	N° 1. *Publications au domicile actuel de l'époux, lorsque ce domicile n'est pas celui de la célébration.*	
Inst.min guerre	Id.	Pour les militaires en activité de service, les publications doivent être faites à la municipalité du domicile qu'ils avaient avant leur entrée au service. Si à cette époque ils n'avaient pas d'établissement fixe, elles seront faites au lieu de leur naissance.	
74, 166 et 167 C. N.	Id.	Ils doivent les faire faire, en outre, dans la commune où ils se trouvent, s'ils y résident d'une manière continue depuis plus de six mois.	
94 C. N.	Id.	Pour les militaires et employés à la suite des armées hors du territoire de l'empire, les publications doivent être faites au lieu de leur dernier domicile. Elles sont, en outre, mises vingt cinq jours avant la célébration du mariage à l'ordre du jour du corps pour les individus qui tiennent à un corps, et à celui de l'armée ou du corps d'armée pour les officiers sans troupes et pour les employés qui en font partie.	
Av.Cons d'Etat 20 déc. 18.3. Circ. min. just. 4 mars 1831.	Id.	Les étrangers qui n'ont pas acquis de domicile en France par une habitation de plus de six mois, sont tenus de faire faire les publications à leur dernier domicile à l'étranger, et suivant les formes usitées dans le pays.	
		Analyse du certificat de publication.	*14° un certificat délivré par l'officier de l'état civil de la commune de ...,*
		I. Officier de l'état civil qui l'a délivré : commune, canton, arrondissement, département.	*canton de ..., arrondissement de ..., département de ...,*
42 C. N. Arg. 64 C. N.	50 C. N.	II. Date (en toutes lettres). Le certificat n'aura pu être délivré avant le troisième jour, depuis et non compris celui de la deuxième publication.	*le ..., constatant :*
63 C. N. Id.	192 C. N.	III. Première publication : devant la porte de la maison commune,	*1° qu'une première publication du présent mariage a eu lieu devant la porte de la maison commune dudit lieu* (ou, attendu l'absence de maison commune, devant la porte de la maison du maire),
		ou, attendu l'absence de maison commune, devant la porte de la maison du maire,	
Id.		date, — un dimanche :	*le dimanche*
42 C. N.	50 C. N.	quantième (en toutes lettres),	*premier février mil huit cent soi*

LOI QUI PRESCRIT LA FORMALITÉ	LOI QUI PUNIT L'OMISSION	INDICATION SOMMAIRE DES FORMALITÉS	FORMULE
			xante-neuf,
		heure.	*à midi ;*
		Midi est l'heure consacrée par la pratique.	
63 C. N.	192 C. N.	IV. Seconde publication :	*2e qu'une seconde publication a été*
		au même endroit,	*faite au même endroit le dimanche*
Id.	Id.	le dimanche suivant :	*suivant*
Id.	Id.	L'obligation de faire la deuxième publication le dimanche qui suit celui où la première a eu lieu, est une formalité principale.	
42 C. N.	50 C. N.	quantième (en toutes lettres),	*huit du même mois de février,*
64 C. N.	192 C. N.	Le mariage ne pourra pas être célébré avant le troisième jour qui suivra la deuxième publication.	
		heure,	*à la même heure de midi,*
169 C. N.		ou dispense de la deuxième publication,	ou qu'une dispense de la seconde publication a été accordée au nom
Id.		accordée au nom de l'empereur	de l'empereur par le procureur
Arrêté du 20 prairial an XI.		par le procureur impérial du ressort où le mariage doit être célébré,	impérial près le tribunal de première instance de ...,
42 C. N.	50 C. N.	date (en toutes lettres),	le ...,
		La plupart des auteurs admettent qu'en cas de dispense de la deuxième publication, le mariage peut être célébré le troisième jour après la première publication.	de laquelle dispense, déposée aux
Arrêté du 20 prairial an XI.		dépôt de la dispense aux archives de la commune où il est procédé,	archives de notre mairie, une expédition en forme délivrée par nous
Id.		expédition produite.	est jointe aux pièces produites ;
64 C. N.		V. Affiche :	*3e qu'un extrait de ladite publica-*
Id.		Extrait de la publication affiché	*tion a été et est resté affiché au*
Id.		dans le même endroit,	*même endroit pendant les huit jours*
Id.		pendant les huit jours d'intervalle de l'une à l'autre publication.	*d'intervalle de l'une à l'autre publication ;*
69 et 76 C. N.		VI. Non-opposition.	
69 C. N.	68 C. N.	L'absence d'opposition ou la mainlevée de celle qui aurait pu être faite, est une	
76 C. N.		condition principale du mariage. — Il en sera fait mention dans l'acte de célébration.	
		PREMIER CAS. — Il n'y a pas eu opposition.	*4e Enfin qu'il n'a été formé aucune opposition audit mariage,*
§ 7, art. 76 C. N.		Mention expresse.	
		DEUXIÈME CAS. — Il y a eu opposition.	ou 4e enfin qu'il n'existait
Id.		Mention expresse :	qu'une opposition audit mariage,
34 C. N.		nom,	formée par M. François T..., âgé
Id.		prénom,	de ... ans, percepteur ..., demeu-
Id.		âge,	rant à ..., aïeul de la future épouse,
34 C. N.		profession	suivant exploit de l'huissier ... de
Id		et domicile de l'opposant,	..., en date du ..., de laquelle il nous
176 C. N.		degré de parenté de l'opposant avec l'un ou l'autre époux.	a été remis mainlevée jointe aux pièces produites et consentie par
		Exploit d'opposition :	acte reçu, Me..., notaire à ..., le ...,
		huissier,	

LOI QUI PRESCRIT LA FORMALITÉ	LOI QUI PUNIT L'OMISSION	INDICATION SOMMAIRE DES FORMALITÉS	FORMULE
		date.	
76 C. N.		Mainlevée de l'opposition mention expresse, consentie par acte notarié, ou prononcée par jugement :	ou, et prononcée par jugement du tribunal de première instance de ..., le ..., dont une expédition à nous produite est accompagnée d'un certificat délivré par l'avoué des futurs époux constatant que ledit jugement a été signifié à la personne et au domicile de l'opposant, et d'un autre certificat du greffier dudit tribunal attestant que, dans les trois mois qui ont suivi la signification, il n'est survenu aucune opposition, ni appel envers ledit jugement,
548 C. proc. civ.		certificat de signification à partie,	
443 C. proc. civ.		certificat d'absence d'appel et d'opposition au jugement,	
		ou à la place de ces deux certificats, lorsqu'il y a eu appel, une expédition de l'arrêt de la Cour.	ou, est accompagnée d'une expédition d'un arrêt de la Cour impériale de ..., en date du ..., confirmant ledit jugement et ordonnant de passer outre à la célébration.
167 C. N.	192 C. N.	N° 2. *Publications au dernier domicile de l'époux, lorsque ce domicile n'est pas celui de la célébration et que le domicile actuel n'existe que depuis moins d'un an.* (V. le n° 1 concernant les publications au domicile actuel de l'époux, page 51.)	15° (Suivre la formule du n° 14, concernant les publications du domicile actuel de l'époux.)
166 C. N.	Id.	N° 3. *Publications au domicile actuel de l'épouse, lorsque ce domicile n'est pas celui de la célébration.* (V. le n° 1 concernant les publications au domicile actuel de l'époux, page 51.)	16° (Id., n° 14.)
		N° 4. *Publications au dernier domicile de l'épouse, lorsque ce domicile n'est pas celui de la célébration et que le domicile actuel n'existe que depuis moins d'un an.* (V. le n° 1 concernant les publications au domicile actuel de l'époux, page 51.)	17° (Id., n° 14.)
168 C. N.	Id.	N° 5. *Publications au domicile des personnes sous la puissance desquelles le futur époux se trouve relativement au mariage, lorsque ce domicile n'est pas celui de la célébration.* (V. le n° 1 concernant les publications au domicile actuel de l'époux, page 51.)	18° (Id., n° 14.)
148, 149 et 168 C. N.	Id.	L'époux est, relativement au mariage, sous la puissance d'autrui :	
Id.	Id.	1. Lorsqu'il n'a pas 25 ans accomplis et que ses père et mère, ou l'un d'eux, sont vivants, non absents et pouvant manifester leur volonté. Dans ce cas, les publications doivent être faites au domicile desdits père et mère ou du survivant d'eux. Si les père et mère sont séparés de corps -	

LOI QUI PRESCRIT LA FORMALITÉ	LOI QUI PUNIT L'OMISSION	INDICATION SOMMAIRE DES FORMALITÉS	FORMULE
		par justice et s'ils ont deux domiciles distincts dans deux communes différentes, les publications seront faites dans les deux communes.	
150, 168 C. N.	192 C. N.	II. Lorsqu'il n'a pas 25 ans accomplis et que ses père et mère étant décédés, absents ou dans l'impossibilité de manifester leur volonté, sont remplacés par des aïeuls ou aïeules. Dans ce cas, les publications doivent être faites au domicile de ces derniers. S'il y a des aïeuls et aïeules dans chacune des deux lignes, ayant leur domicile dans des communes distinctes, les publications devront aussi avoir lieu dans chacune de ces communes.	
160, 168 C. N.	Id.	III. Lorsque n'ayant ni père ni mère, ni aïeuls ni aïeules, il n'a pas 21 ans accomplis. Dans ce cas il est, relativement au mariage, sous la puissance de son tuteur représentant le conseil de famille, et alors les publications doivent être faites au domicile dudit tuteur.	
158, 168 C. N.	Id.	IV. Lorsqu'il est un enfant naturel reconnu, ayant ses père et mère ou l'un d'eux, et qu'il n'a pas 25 ans accomplis. Dans ce cas, les publications doivent être faites au domicile de ses père et mère naturels ou du survivant d'eux. En cas de résidence distincte dans deux communes différentes du père et de la mère qui ont reconnu le futur époux, enfant naturel, les publications seront faites dans les deux communes.	
159, 168 C. N.	Id.	V. Lorsque l'époux est un enfant naturel non reconnu, ou lorsqu'après l'avoir reconnu ses père et mère sont décédés ou sont dans l'impossibilité de manifester leur volonté. Dans ce cas il est, jusqu'à l'âge de 21 ans accomplis, sous la puissance, quant au mariage, du tuteur *ad hoc* nommé par le conseil de famille.	
168 C. N. Loi 15 pluviôse an XIII.	Id.	VI. Enfin, lorsque l'époux est un enfant naturel non reconnu, déposé ou admis dans un hospice, et lorsqu'en même temps il n'a pas atteint l'âge de 21 ans accomplis. Il est alors, quant au mariage, sous la puissance de la commission administrative de l'hospice, au siége de laquelle commission il doit faire faire les publications.	
Av. Cons. d'État 20 déc. 1823. Circ. min. just. 4 mars 1831.		Les règles qui précèdent doivent être observées lorsque les personnes, sous la puissance desquelles l'époux se trouve quant au mariage, sont domiciliées en pays étranger. Les publications doivent y être faites	

LOI QUI PRESCRIT LA FORMALITÉ	LOI QUI PUNIT L'OMISSION	INDICATION SOMMAIRE DES FORMALITÉS	FORMULE
		suivant la forme usitée dans ce pays.	
Art. 11 Ord. 23 octob. 1833 et art. 8 Ord. 26 octob. 1823.		Lorsque dans les pays étrangers où doivent être faites les publications, il y a des consuls, vice-consuls ou autres agents diplomatiques français, elles sont faites aux consulats ou vice-consulats, et elles y sont constatées dans la même forme qu'en France.	
168 C. N.	192 C. N.	N° 6. *Publications au domicile des personnes sous la puissance desquelles la future épouse se trouve relativement au mariage, lorsque ce domicile n'est pas celui de la célébration.* (V. le n° 1 concernant les publications faites au domicile de l'époux, page 51.) L'épouse est, relativement au mariage, sous la puissance d'autrui lorsqu'elle n'a pas atteint l'âge de 21 ans accomplis. Jusqu'à cet âge, les publications, en ce qui la concerne, doivent être faites :	19° (Suivre la formule concernant les publications au domicile actuel de l'époux. — 14°.)
148 149 et 168 C. N.	Id.	I. Au domicile de ses père et mère, ou du survivant d'eux, s'ils sont vivants, non absents et pouvant manifester leur volonté ;	
150, 168 C. N.	Id.	II. Ou, à défaut de père et de mère, au domicile des aïeuls et aïeules, s'il en existe, pour remplacer les père et mère ;	
160, 168 C. N.	Id.	III. Ou, à défaut de père et de mère, d'aïeuls et d'aïeules, au domicile du tuteur représentant le conseil de famille ;	
158, 168 C. N.	Id.	IV. Ou, lorsque la future épouse est une enfant naturelle reconnue, au domicile de ses père et mère qui l'ont reconnue, ou du survivant d'eux ;	
159, 168 C. N.	Id.	V. Ou, lorsque la future épouse est une enfant naturelle non reconnue, ou qu'après l'avoir reconnue ses père et mère sont décédés ou se trouvent dans l'impossibilité de manifester leur volonté, au domicile de son tuteur *ad hoc* nommé par le conseil de famille ;	
168 C. N. Loi 15 pluviôse an XIII.		VI. Enfin, ou, lorsque l'épouse est une enfant naturelle non reconnue, déposée ou admise dans un hospice, au domicile où siége la commission administrative de l'hospice. (Pour les publications qui, par suite de l'application des règles qui précèdent, doivent être faites en pays étranger, voir les observations qui suivent le n° 5, concernant l'époux.)	
		5°. *Justification de la capacité des époux relativement aux autres conditions essentielles du mariage. Actes de décès d'époux précédents, dispenses de degrés, certificat de libération du service militaire, permission pour les militaires, certificat de capacité pour les étrangers.*	
	147 C. N. 340 C. P.	N° 1. *Acte de décès de la précédente femme du futur époux, s'il est veuf.* (V. les troisièmes justifications, n° 1, con-	20° l'acte de décès de Madame Gabrielle R ..., précédente femme de l'époux, dressé ...

LOI QUI PRESCRIT LA FORMALITÉ	LOI QUI PUNIT L'OMISSION	INDICATION SOMMAIRE DES FORMALITÉS	FORMULE
		cernant la représentation de l'acte de décès des père et mère de l'époux, la production d'un acte de notoriété ou celle d'un jugement de rectification, page 48.)	... (V. pour le surplus le n° 1, en ce qui concerne l'acte de décès, l'acte de notoriété ou le jugement de rectification.)
	147 C. N. 340 C. P.	N° 2. *Acte de décès du précédent mari de la future épouse, si elle est veuve.* (V. les troisièmes justifications, n° 1, concernant la représentation de l'acte de décès des père et mère de l'époux, la production d'un acte de notoriété ou celle d'un jugement de rectification, page 48.) (V. aussi le n° 1 qui précède, concernant l'acte de décès de la précédente femme du futur époux.)	21° l'acte de décès de Pierre J..., précédent mari de la future épouse, dressé ... (V. pour le surplus le n° 1, en ce qui concerne l'acte de décès, l'acte de notoriété ou le jugement de rectification.)
228 C. N.	194 C. P. Cas de nul. rel.	La célébration du mariage d'une femme veuve ne peut avoir lieu que dix mois après le décès de son précédent mari.	
162, 163 et 164 C. N. Av. Cons. d'Etat 7 mai 1808. Arrêté du 20 prairial an XI.	Arg. 184 C. N. Cas de nullité absolue.	N° 3. *Dispense de degrés s'il s'agit d'un mariage entre beau-frère et belle-sœur, oncle et nièce, tante et neveu, grand-oncle et petite-nièce, grand'tante et petit-neveu :* décret impérial, enregistrement au greffe du tribunal de première instance de l'arrondissement où le mariage sera célébré.	22° la dispense de degré accordée aux époux alliés (ou parents) au degré de ..., par S. M. l'empereur, suivant décret en date du ..., enregistré au greffe du tribunal de première instance de ..., le ...;
Décret 16 juin 1808.	Déc. 16 juin 1808 Cas de destit. de l'off. public.	N° 4. *Certificat de libération du service militaire.* Lorsque l'officier de l'état civil n'aura pas la certitude que le futur époux, âgé de plus de 20 ans et de moins de 30 ans, a satisfait à la loi du recrutement, il exigera un certificat de libération du service militaire.	23° *un certificat de libération du service militaire délivré au futur époux par M. le préfet du département de* ... (ou par M. le sous-préfet de l'arrondissement de ...), le ...;
Circ. min. guer. 25 juin 1834.	Déc. 16 juin 1808 Cas de destit. de l'off. public.	Ce certificat est délivré par le préfet ou le sous-préfet.	
Déc. 16 juin 1808 Déc. 28 août 1808 Av. Cons. d'Etat 21 déc. 1808.		N° 5. *Permission pour les militaires :* Cette permission est une formalité principale du mariage.	24° une permission accordée, en vue du présent mariage, au futur époux officier (ou sous-officier, ou soldat) au ... régiment de ...,
		grade de l'époux, son régiment, qui a accordé la permission?	
Id.		le ministre de la guerre, pour les officiers de terre et de mer,	par S. Exc. le ministre de la guerre,
Id. Id.		le conseil d'administration du corps, pour les sous-officiers et soldats en activité,	(ou par le Conseil d'administration du corps de ..., ou du régiment de ...),
Id.		ou le général commandant la subdivision militaire, pour les sous-officiers et soldats appartenant à la réserve ou étant dans la dernière année de leur service.	(ou par le général commandant la subdivision militaire de ...),
		date (en toutes lettres).	le ...;
42 C. N. Circ m. just. 4 mars 1831.	50 C. N.	N° 6. *Certificat de capacité pour les étrangers non naturalisés :*	25° un certificat délivré par les autorités du domicile de l'époux (ou de l'épouse) étranger ou naturalisé français, le ...,
42 C. N.	Id.	Date (en toutes lettres). Une circulaire du ministre de la justice du	constatant qu'il est (ou qu'elle

LOI QUI PRESCRIT LA FORMALITÉ	LOI QUI PUNIT L'OMISSION	INDICATION SOMMAIRE DES FORMALITÉS	FORMULE
		16 février 1855, porte que la justification par les étrangers de leur capacité d'après les lois de leur pays, n'est plus de rigueur. Il a été jugé qu'en France on ne pouvait exiger que les formalités prescrites par la loi française.	est) dans les conditions de capacité générale prescrite par les lois françaises et celles de son pays, pour contracter le présent mariage;
75, 76 et 1394 C. N.	76 et 50 C. N.	6° *Justification de la passation d'un contrat de mariage, — ou déclaration négative.*	
		I. *Il y a un contrat de mariage :* Notaire qui l'a reçu et qui a délivré le certificat,	26° Enfin un certificat délivré par Mᵉ..., notaire à..., le ..., constatant qu'à cette date les époux ont passé pardevant lui un contrat de mariage, certificat produit sur notre interpellation;
42 C. N.	50 C. N.	date (en toutes lettres).	
1394 C. N.		Le certificat est délivré sur papier libre.	
75 et 76 C. N.		Interpellation faite par l'officier de l'état civil.	
Id.		II. *Il n'y a point de contrat de mariage :*	ou 26° enfin la déclaration faite en ces présentes
Id.		Déclaration :	
Id.		sur l'interpellation de l'officier de l'état civil,	sur notre interpellation,
Id.		par les époux	par les futurs époux
Id.		et par les parents présents,	et par leurs parents présents
Id.		qu'il n'a pas été passé de contrat de mariage.	qu'ils n'ont point fait de contrat de mariage.
		Mention de la légalisation, du timbre, de la traduction, du paraphe et de l'annexe des pièces produites.	*Lesquelles pièces à nous produites dûment*
		LÉGALISATION.	*légalisées,*
Arg. 45 C. N.		Les pièces produites devront être légalisées avant la célébration, lorsque cette formalité sera nécessaire. (V. première partie, Formalités générales des actes, n° 21, page 5.)	
Art. 19 loi 13 brum. an VII.	Art. 19 et 26 loi 13 brum. an VII et art. 10 loi 16 juin 1824	TIMBRE. Les pièces produites doivent, préalablement à la célébration du mariage, être timbrées ou visées pour timbre.	*timbrées,*
Art. 4 loi 10 décembre 1850. 1394 C. N.		Toutefois, pour le mariage des indigents, les pièces produites pourront être visées pour timbre gratis, et quant à l'extrait du contrat de mariage, il est, dans tous les cas, dispensé du timbre. (V. première partie, Formalités générales des actes, n° 20, page 5.)	
		TRADUCTION. La traduction doit être faite, autant que possible, par un interprète juré, nommé par l'officier de l'état civil qui reçoit son serment. (V. première partie, Formalités générales des actes, n° 22, page 5.)	accompagnées d'une traduction en français pour ce qui concerne les pièces nᵒˢ ... écrites en langues étrangères
44 C. N.	50 C. N.	PARAPHE	
Id.	Id.	par la partie, pour chaque pièce produite par elle,	et paraphées chacune par la partie qui en a fait la production et par l'officier de l'état civil,
Id.	Id.	et par l'officier de l'état civil. (V. première partie, Formalités générales des actes, n° 23, page 5.)	
Id.	Id.	ANNEXE à l'acte,	resteront annexées au présent acte et jointes
Id.	Id.	et au registre destiné au greffe du tribunal.	au registre destiné à être déposé au greffe du tribunal.

LOI QUI PRESCRIT LA FORMALITÉ	LOI QUI PUNIT L'OMISSION	INDICATION SOMMAIRE DES FORMALITÉS	FORMULE
Av. Cons d'État 30 mars 1808.		*Rectification d'erreurs signalées dans les pièces et concernant l'orthographe des noms et le nombre des prénoms. Observations sur les erreurs plus importantes.*	Pour remédier aux erreurs que nous avons remarquées dans quelques-unes des pièces produites à l'endroit de l'orthographe des noms et du nombre des prénoms, il est expliqué et attesté :
Id.		Rectification concernant l'acte de naissance du futur ou de la future, par les parents qui l'assistent, erreur sur l'orthographe du nom.	1° par les parents qui assistent le futur (ou la future) qu'il y a parfaite identité entre ce dernier et l'enfant dénommé dans l'acte de naissance qu'il a produit malgré la différence d'orthographe de son nom porté dans cet acte, avec celui qui vient de lui être donné en ces présentes,
Id.		Rectification concernant un acte de décès : attestation par les parents de l'époux qui a produit l'acte, omission d'un prénom.	2° et par les parents qui assistent le futur (ou la future) qu'il y a parfaite identité entre son père et la personne dénommée dans l'acte de décès qu'il a produit, malgré l'omission, dans cet acte, de l'un de ses prénoms;
99 C. N. 101 C. N. 857 C. proc. civ.		Quant aux erreurs plus importantes signalées dans les actes de l'état civil produits, elles seront rectifiées par jugement du tribunal en vertu de l'art. 99 C. N. La rectification sera inscrite sur le registre, en marge de l'acte rectifié, en vertu de l'art. 101 du même Code, et l'expédition produite, pour le mariage, à l'officier de l'état civil, de l'acte rectifié, devra contenir, par application de l'art. 857 C. pr. civ., en outre de la copie littérale de l'acte rectifié, celle de la mention du jugement de rectification mise en marge.	
63, 64, 76 C. N.	68, 192 C. N.	6° MENTION DES PUBLICATIONS, DE L'AFFICHE, DE L'ABSENCE D'OPPOSITION OU DE LEUR MAINLEVÉE A LA MUNICIPALITÉ OU LE MARIAGE EST CÉLÉBRÉ.	
63, 64 C. N.	Id.	Les publications, les affiches et l'absence d'opposition sont des formalités ou conditions principales du mariage.	
§ 6 et 7 art. 76 C. N.		Elles doivent être mentionnées dans l'acte de célébration.	
63 C. N.		Première et deuxième publications, faites à deux dimanches consécutifs.	*Les deux publications prescrites par la loi ayant été faites en la présente commune les dimanches treize et vingt février mil huit cent soixante-neuf, ainsi que le constatent le registre des publications mis sous nos yeux et l'affiche d'un extrait de l'acte de publication ayant eu lieu en ladite commune pendant les huit jours d'intervalle de l'une à l'autre publication,*
64 C. N.	192 C. N.	Le mariage ne pourra être célébré avant le troisième jour après la deuxième publication,	
65 C. N.	Id.	Et après l'expiration de l'année qui suit la dernière publication.	
64 C. N. Id.		Affiche, — d'un extrait de l'acte de publication, pendant les huit jours d'intervalle de l'une à l'autre publication.	
69 C. N.	68 C. N.	Non-opposition. L'absence d'opposition ou la mainlevée de celle qui aurait pu être formée est une condi-	

LOI QUI PRESCRIT LA FORMALITÉ	LOI QUI PUNIT L'OMISSION	INDICATION SOMMAIRE DES FORMALITÉS	FORMULE
		tion principale du mariage.	
76 C. N.		Il en sera fait mention dans l'acte de célébration.	
§7 art. 76 C. N.		PREMIER CAS. — Il n'y a pas eu opposition : mention expresse.	*sans qu'il nous ait été signifié d'opposition,*
Id.		DEUXIÈME CAS. — Il y a eu opposition : mention expresse. (V. pour le surplus les quatrièmes justifications, n° 1, page 32.)	*ou sans qu'il nous ait été signifié d'autre opposition que celle formée par ... (Suivre la formule du n° 14 des pièces produites.)*
		7° CÉLÉBRATION.	
		Cette partie de l'acte de mariage est à la fois la plus importante et la plus solennelle. Elle renferme les deux formalités les plus essentielles : le consentement des époux et le prononcé de l'union. Elle est le résumé, la conclusion de toutes les formalités qui constituent l'acte de mariage.	*Nous, officier de l'état civil, faisant droit à la réquisition des parties,*
75 C. N.		I. *Lecture*	*leur avons donné lecture des pièces produites ou rappelées et ci-devant énoncées, et du chapitre VI du titre du mariage sur les droits et les devoirs respectifs des époux,*
Id.		par l'officier de l'état civil,	
Id.		aux parties,	
Id.		des pièces produites ou rappelées,	
Id.		et du chapitre VI du titre du mariage.	
Id.		II. *Demande*	*après quoi*
Id.		par l'officier de l'état civil,	*nous avons demandé*
Id.		au futur époux	*au futur époux*
Id.		et à la future épouse,	*et à la future épouse,*
Id.		l'un après l'autre,	*l'un après l'autre, s'ils veulent se prendre pour mari et femme.*
Id.		s'ils veulent se prendre pour mari et femme.	
Id.		III. *Réponse. Consentement des époux.*	*Chacun d'eux ayant répondu affirmativement et séparément,*
Id.		Réponse affirmative	
Id.		et séparée,	
Id.		de chacun des époux.	
146 C. N.	180, 181 C. N.	Le consentement doit être libre.	
	Cas de nul. rel.	Peuvent vicier le consentement :	
502 C. N.	Id.	1° L'état d'interdiction légale;	
503 C. N.		2° l'état d'imbécillité ou de démence;	
		3° l'erreur de personne;	
		4° la violence physique,	
		5° et la violence morale.	
75 C. N.		IV. *Prononcé de l'union*	
Id.		par l'officier de l'état civil,	*Nous avons prononcé*
Id.		au nom de la loi,	*au nom de la loi*
Id.		entre : prénom et nom de l'époux,	*que Marcel D...*
Id.		prénom et nom de l'épouse,	*et Anne P...*
Id.		unis par le mariage.	*sont unis par le mariage.*
331, 332 et 333 C. N.		8° LÉGITIMATION D'ENFANTS NATURELS NÉS AVANT LE MARIAGE PAR LA RECONNAISSANCE DANS L'ACTE DE CÉLÉBRATION.	Et à l'instant les époux, usant, dans l'intérêt de leurs enfants nés avant le présent mariage, du bénéfice des articles 331, 332 et 333 du Code Napoléon, ont ici reconnu pour leurs enfants comme étant issus de leurs relations intimes et anticipées :
331 C. N.		La légitimation est prohibée à l'égard des enfants adultérins ou incestueux.	
Id.		Reconnaissance par les deux époux,	
		au profit des enfants nés avant le mariage.	
		Dénomination de chaque enfant légitimé :	
		prénom et nom, tels qu'ils sont inscrits à l'état civil,	1° Jules D ...

LOI QUI PRESCRIT LA FORMALITÉ	LOI QUI PUNIT L'OMISSION	INDICATION SOMMAIRE DES FORMALITÉS	FORMULE
		lieu de naissance, date de la naissance	né à ..., le ..., inscrit sur les
		(en toutes lettres),	registres de l'état civil comme
		inscrit sur les registres de l'état civil comme	étant fils de ... ;
		étant fils de.	2° ...
		Conséquence de la reconnaissance :	voulant, en conséquence, que
		légitimation par mariage,	leurs enfants ci-devant dénom-
		ses effets.	més soient légitimés par le présent
			mariage et qu'ils aient les mêmes
75 C. N.		9° PRÉSENCE DE QUATRE TÉMOINS.	droits que ceux qui pourraient
37 C. N.	50 C. N.	Les témoins seront majeurs et mâles.	naître de leur union légitime.
Id.	Id.	Ils seront choisis par les parties.	*Ce fait en présence de MM.*
		Ils ne pourront être pris parmi les personnes qui concourent à l'acte soit comme partie, soit comme mandataire.	
		Dénomination du premier témoin :	
34 et 76 C. N.	Id.	prénom, nom,	*Maurice P ...,*
Id.	Id.	âge,	*âgé de ... ans,*
Id.	Id.	profession,	*architecte,*
Id.	Id.	domicile,	*demeurant à ...*
76 C. N.		déclaration de parenté ou d'alliance :	*déclarant être parent* (ou allié)
Id.		de quel côté?	*paternel* (ou maternel) *au degré*
Id.		à quel degré?	*de ... oncle* (ou frère) *de l'époux*
Id.		de quel époux?	(ou de l'épouse),
		Dénomination du deuxième témoin :	(*id.*)
		(V. pour le premier témoin.)	
		Dénomination du troisième témoin :	(*id.*)
		(V. pour le premier témoin.)	
		Dénomination du quatrième témoin :	(*id.*)
		(V. pour le premier témoin.)	
		Mention de la qualité de témoins.	*tous quatre témoins.*
		10° CLÔTURE DE L'ACTE.	*Dont acte,*
75 C. N.		I. *Acte dressé sur-le-champ.*	*dressé sur-le-champ,*
38 C. N.	50 C. N.	II. *Mention de la lecture de l'acte*	*lu*
Id.	Id.	par l'officier de l'état civil,	*par nous*
Id.	Id.	aux parties et parents présents	*aux parties et parents présents,*
Id.	Id.	et aux témoins.	*et aux témoins*
39 C. N.	Id.	III. *Mention des signatures*	*et signé*
Id.	Id.	des parties et parents présents,	*par les parties et parents présents,*
Id.	Id.	des témoins	*par les témoins*
Id.	Id.	et de l'officier de l'état civil ;	*et par nous officier de l'état civil,*
		ou mention des causes qui ont empêché les parties, les parents présents et les témoins, ou l'un d'eux, de signer.	sauf la mère de l'époux qui a déclaré ne savoir signer, et le père de l'épouse qui a déclaré ne le pouvoir à cause de sa grande faiblesse.
39 C. N.	50 C. N.	11° SIGNATURES	
		La signature est une formalité essentielle de l'acte.	(*Suivent les signatures* des parties, des parents, des témoins et de l'officier de l'état civil.)
Id.	Id.	par les parties et parents présents,	
Id.	Id.	par les témoins	
Id.	Id.	et par l'officier de l'état civil.	
		A moins de déclaration de ne savoir ou de ne pouvoir signer, pour ce qui regarde les parties, les parents et les témoins.	
42 C. N.	50 C. N.	Signer et faire signer en même temps et de la même manière, chaque renvoi et chaque approbation de rature.	

CHAPITRE TROISIÈME. — CERTIFICAT DE CÉLÉBRATION DE MARIAGE

SOMMAIRE : 1° Officier de l'état civil; 2° Certification du mariage, Dénomination des époux; 3° Clôture du certificat; 4° Signature de l'officier de l'état civil.

LOI QUI PRESCRIT LA FORMALITÉ	LOI QUI PUNIT L'OMISSION	INDICATION SOMMAIRE DES FORMALITÉS	FORMULE
		1° OFFICIER DE L'ÉTAT CIVIL. (V. le Protocole des actes, § 1er, Intitulé, p. 8.)	*Nous* ... (V. le Protocole des actes, p. 8.)
		2° CERTIFICATION DU MARIAGE. DÉNOMINATION DES ÉPOUX.	*Certifions que M*... *et Mlle* ... (copier littéralement la dénomination de l'époux et de l'épouse faite dans l'acte de mariage)
42 C. N.	50 C. N.	Date de la célébration. L'écrire en toutes lettres.	*ont contracté mariage pardevant nous cejourd'hui* (ou le ...).
Id. Loi 18 germ. an X et loi 1er prairial an X.	Id.	3° CLÔTURE DU CERTIFICAT. Sa date, — l'écrire en toutes lettres, sa destination.	*En foi de quoi nous avons délivré le présent certificat fait en mairie le* ... *pour servir à la cérémonie religieuse.*
39 C. N.	Id.	4° SIGNATURE DE L'OFFICIER DE L'ÉTAT CIVIL. Elle sera accompagnée du sceau de la mairie.	(*Suit la signature* de l'officier de l'état civil accompagnée du sceau de la mairie.)
Déc. 9 déc. 1810 Circ. min. 3 août 1848.		Le certificat de célébration de mariage est délivré sur papier libre.	

CHAPITRE QUATRIÈME. — TRANSCRIPTION D'ACTE DE MARIAGE

1° Pour les jugements de rectification d'acte de mariage. — 857 C. P. C.

2° Pour les mariages contractés à l'étranger entre Français ou entre Français et étranger, dans les trois mois après le retour du Français sur le territoire de l'empire. — 171 C. N.

3° Et pour les mariages contractés à l'armée, par les militaires hors du territoire de l'empire, aussitôt après la réception, par l'officier de l'état civil du domicile des époux, d'une expédition de l'acte de mariage, envoyée par l'officier du régiment chargé de la tenue des registres. — 95 C. N.

(V. IVe partie, chapitre 1er, Protocole des actes; n. 5, Acte de transcription, p. 13.)

HUITIÈME ET DERNIÈRE PARTIE

FORMALITÉS SPÉCIALES ET FORMULES DES ACTES DE DÉCÈS, DES TRANSCRIPTIONS D'ACTES DE DÉCÈS ET DES PERMIS D'INHUMATION

DIVISION. — CHAPITRE PREMIER, ACTE DE DÉCÈS; CHAPITRE DEUXIÈME, TRANSCRIPTION D'ACTE DE DÉCÈS; CHAPITRE TROISIÈME, PERMIS D'INHUMATION.

CHAPITRE PREMIER. — ACTE DE DÉCÈS.

SOMMAIRE : 1° Date de l'acte ; 2° Pardevant, officier de l'état civil; 3° Comparution des deux témoins déclarants ; 4° Déclaration, Cas de décès d'une personne connue, Cas de décès d'une personne inconnue, Cas de présentation d'un enfant sans vie, Vérification du décès ; 5° Clôture de l'acte, Mention de la lecture et des signatures, Mention de l'envoi d'une expédition ; 6° Signatures.

LOI QUI PRESCRIT LA FORMALITÉ	LOI QUI PUNIT L'OMISSION	INDICATION SOMMAIRE DES FORMALITÉS	FORMULE
77 C. N.		1° DATE DE L'ACTE. Elle ne pourra pas être postérieure de plus de vingt-quatre heures à celle du décès. (Pour le surplus, V. le Protocole des actes, § Ier, Intitulé, p. 8.)	*L'an* ... (V. le Protocole des actes, p. 8.)
Arg. 77, 78, 80, 82, 83, 84 C. N.		2° PARDEVANT, OFFICIER DE L'ÉTAT CIVIL. L'officier de l'état civil compétent pour recevoir l'acte, sera celui de la commune où le décès a eu lieu, quel que soit d'ailleurs le domicile de la personne décédée. (Pour le surplus, V. le Protocole des actes, § Ier, Intitulé, p. 9.)	*Pardevant nous*... (V. le Protocole des actes, p. 9.)
78 C. N. Arg. 78 C. N.		3° COMPARUTION DES DEUX TÉMOINS DÉCLARANTS. La déclaration peut être faite par une femme; elle doit même l'être lorsqu'une femme est le chef de la maison où a eu lieu le décès.	*Ont comparu :*
Arg. 37 C. N.		Cependant on soutient que les déclarants étant en même temps témoins, doivent être majeurs et mâles.	
78 C. N.		Les deux témoins déclarants seront : 1° Lorsque le décès a lieu au domicile du défunt, les deux plus proches parents ou voisins, s'il est possible;	
Id.		2° Lorsque le décès a lieu hors le domicile du défunt, la personne chez laquelle le décès a eu lieu et un parent ou autre;	
Inst. 24 brum. an XII.		3° Pour les militaires en activité de service, l'officier commandant la compagnie, assisté de deux officiers ou sous-officiers et au moins d'un officier ou sous-officier et un soldat. Dans ce cas, l'officier commandant la compagnie donne avis du décès à l'officier de l'état civil, et les deux autres militaires comparaissent à l'acte comme témoins déclarants;	

LOI QUI PRESCRIT LA FORMALITÉ	LOI QUI PUNIT L'OMISSION	INDICATION SOMMAIRE DES FORMALITÉS	FORMULE
80, 84 C. N.		4° Pour les décès qui ont lieu dans les hôpitaux militaires ou civils, les prisons, les maisons de détention et les autres maisons publiques, deux employés desdits établissements, tels que concierges, infirmiers ou gardiens ; 5° Enfin, s'il s'agit d'une personne inconnue dont le cadavre a été trouvé sur un chemin, dans les champs, dans une rivière, etc., les deux premières personnes, majeures et mâles, qui auront découvert le cadavre.	
		Dénomination du premier témoin déclarant :	*M.*
34, 79 C. N.	50 C. N.	prénom,	*Odoacre*
Id.	Id.	nom,	*B ...*
Id.	Id.	âge,	*âgé de ... ans,*
Id.	Id.	profession,	*homme de lettres,*
Id.	Id.	domicile,	*demeurant en la commune*
		commune ou ville,	(ou ville) *de ...,*
		hameau ou rue,	*au hameau de ...* (ou rue ...),
		maison ou n°.	*dans la ferme de ...* (ou n° ...),
70 C. N.		Est-il parent du défunt	*cousin-germain du défunt,*
Id.		et à quel degré?	
		Est-il voisin du défunt?	(ou voisin du défunt)
		Est-il chef de la maison où le décès a eu lieu?	(ou chef de la maison où le décès a eu lieu
		Dénomination du second témoin déclarant :	*et M. ...*
		(V. ce qui précède concernant le premier témoin.)	(comme pour le premier témoin.)
		4° Déclaration	*Lesquels*
		par les deux témoins déclarants,	*nous ont déclaré*
		à l'officier de l'état civil.	
		Premier cas. — *La personne décédée est connue.*	
		Dénomination de la personne décédée :	*que M.*
34, 79 C. N.	50 C. N.	prénom,	*Lambert*
Id.	Id.	nom,	*G ...,*
Id.	Id.	âge,	*âgé de ... ans,*
Id.	Id.	profession,	*professeur d'histoire,*
Id.	Id.	domicile,	*demeurant en la commune*
		commune ou ville,	(ou ville) *de ...,*
		hameau ou rue,	*au hameau de ...* (ou rue ...),
		maison ou n°.	*maison Blanche* (n° ...),
79 C. N.		La personne décédée est-elle célibataire?	*célibataire,*
Id.		ou mariée?	ou marié à,
Id.		ou veuve?	ou veuf de
Id.		Dans ces deux derniers cas, énoncer les prénom et nom de l'autre époux.	Valentine B ...,
Id.		Connait-on les noms des père et mère du défunt?	
Id.		En cas de négative, mentionner l'absence de filiation connue ;	sans filiation connue ;
Id.		en cas d'affirmative, énoncer :	ou fils de
Id.		Dénomination du père :	M.
Id.		prénom,	Edouard
Id.		nom,	G ...,
Id.		profession,	ancien officier supérieur de cavalerie,
Id.		domicile ou lieu de décès.	demeurant (ou décédé) à ...,
Id.		Dénomination de la mère :	et de Mme (comme pour le père),

LOI QUI PRESCRIT LA FORMALITÉ	LOI QUI PUNIT L'OMISSION	INDICATION SOMMAIRE DES FORMALITÉS	FORMULE
79 C. N.		(V. la dénomination du père.)	
Id.		Connaît-on le lieu de la naissance du défunt?	
Id.		En cas de négative, dire que l'origine est inconnue;	et d'origine inconnue,
Id.		en cas d'affirmative, énoncer le lieu de sa naissance :	ou né en la commune de ...
Id.		commune,	(ou ville de ...),
Id.		canton,	canton de ...,
Id.		arrondissement,	arrondissement de ...,
Id.		département.	département de ...,
		Décès :	*est décédé*
Arg. 79, 85 C. N.		Le genre de mort ne doit jamais être indiqué dans l'acte de décès; on doit se borner à dire qu'un tel « est décédé. »	
42 C. N.	50 C. N.	Date du décès : année, mois, jour, heure (en toutes lettres).	*le ... du mois de ... courant* (ou dernier). *à ... heures du matin* (ou du soir),
		Il est important de mentionner la date du décès, spécialement pour ce qui concerne les successions.	
77 C. N.		La date du décès ne pourra pas être antérieure de plus de vingt-quatre heures à celle de l'acte de décès.	
		Domicile du décès : commune ou ville,	*en ladite commune* (ou ville) *de ...,*
		hameau ou rue,	*au hameau de ...* (ou rue ...),
		maison ou n°,	*dans la ferme de ...* (ou n° ...),
		demeure : demeure du défunt,	*en sa demeure,*
		ou demeure de l'un des déclarants.	ou en la demeure de M. ... (prénom et nom), l'un des déclarants,
		C'est du domicile du décès que dépend le choix des personnes qui doivent être chargées de faire la déclaration (78 C. N.).	
		Il est donc nécessaire de l'indiquer dans l'acte de décès, sauf toutefois pour les décès qui ont lieu dans les prisons et maisons de réclusion, ou par suite d'exécution à mort. Dans ces derniers cas, on se borne à indiquer la ville ou la commune où le décès a eu lieu.	
Id.		Vérification de l'exactitude de la déclaration, par l'officier de l'état civil.	*ainsi que nous nous en sommes assuré après nous être transporté auprès de la personne décédée,*
Id.		Transport de l'officier de l'état civil auprès du défunt, ou visite d'un médecin délégué.	ou ainsi que nous nous en sommes assuré après avoir fait visiter le corps du défunt par M. ..., docteur en médecine (ou en chirurgie), notre délégué spécial,
Circ. min. int. 30 juillet 1807. et inst. min. just. 27 août suiv.		Date de l'arrêté de délégation.	
Déc. 3 janv. 1813		En cas de morts accidentelles dans les mines et carrières, l'officier de l'état civil doit se faire représenter les cadavres des ouvriers, et après les déclarations et consta-	

LOI QUI PRESCRIT LA FORMALITÉ	LOI QUI PUNIT L'OMISSION	INDICATION SOMMAIRE DES FORMALITÉS	FORMULE
		tations ordinaires, il doit dresser autant d'actes qu'il y a d'ouvriers décédés. — Lorsqu'il y a impossibilité de parvenir jusqu'au lieu où se trouvent les cadavres, le maire en réfère au procureur impérial.	
		DEUXIÈME CAS. — *La personne décédée est inconnue.*	ou lesquels nous ont déclaré qu'une personne à eux inconnue
		Désignation de la personne décédée :	
		son sexe,	du sexe masculin (ou féminin)
		son âge apparent,	paraissant âgée de ... ans,
		ses vêtements,	vêtue de ...,
		son signalement :	ayant
		taille,	un mètre ... centimètres,
		cheveux,	cheveux bruns,
		nez, etc.,	nez ..., teint ..., portant sur la joue
		signes particuliers,	droite une verrue noire,
		ses papiers,	ayant dans l'une de ses poches une lettre à l'adresse de ...,
		lieu où le cadavre a été trouvé,	a été trouvée sur le chemin allant de ... à ..., dans un endroit appelé ... et sis sur le territoire de ladite commune de ...,
		jour et heure où le cadavre a été trouvé.	le ... du mois de ... courant (ou dernier), à ... heures du matin (ou du soir), duquel décès
77 C. N.		Vérification du décès par la visite de l'officier de l'état civil.	nous nous sommes assuré par la visite que nous avons faite du corps du défunt,
Déc. 4 juil. 1806		TROISIÈME CAS. — *Il s'agit de la présentation d'un enfant sans vie.*	ou lesquels nous ont présenté un enfant sans vie
Id.		On doit éviter toute énonciation qui préjugerait sur la question de savoir si l'enfant a eu vie ou non.	
		Sexe de l'enfant,	du sexe masculin (ou féminin), et
		dénomination des père et mère :	nous ont déclaré qu'il est né du mariage contracté entre le comparant (ou Jean-B..., cultivateur, demeurant à ...)
34 C. N. Déc.		prénom,	
4 juillet 1806.		nom,	
Id.		âge,	
Id.		profession	
Id.		et domicile du père,	
Id.		prénom,	et Mme Joséphine B..., couturière,
Id.		nom,	
Id.		âge,	
Id.		profession	
Id.		et domicile de la mère,	
Déc. 4 juil. 1806		lieu,	demeurant à ..., et qu'il est sorti du sein de sa mère au domicile de ..., le ..., à ... heures du ...
Id.		jour	
Id.		et heure où l'enfant est sorti du sein de sa mère.	
		5° CLÔTURE DE L'ACTE. MENTION DE L'ENVOI D'UNE EXPÉDITION, S'IL Y A LIEU. MENTION DE LA LECTURE ET DES SIGNATURES.	*Dont acte,*
		Mention de l'envoi d'une expédition à l'officier de l'état civil du domicile du défunt :	*duquel une expédition sera immédiatement adressée par nous à l'officier de l'état civil de la commune de ..., lieu du dernier domicile du défunt.*
80, 94 C. N.		1° Pour les décès arrivés hors de la commune du domicile du défunt;	

LOI QUI PRESCRIT LA FORMALITÉ	LOI QUI PUNIT L'OMISSION	INDICATION SOMMAIRE DES FORMALITÉS	FORMULE
80, 94 C. N.		2° pour les décès dans les hôpitaux et autres maisons publiques;	
82 C. N.		3° pour les morts violentes;	
80, 94 C. N.		4° pour les décès dans les prisons, maisons de réclusion ou de détention;	
83 C. N.		5° pour les décès par suite d'exécution;	
87 C. N.		6° pour les décès arrivés en mer;	
96 C. N.		7° enfin pour les décès des militaires hors de l'empire.	
		Mention de la lecture et des signatures de l'acte. (V. le Protocole des actes, § 2, Clôture, p. 12.)	*lu* ... (V. le Protocole des actes, p. 12.)
		6° SIGNATURES. (V. le Protocole des actes, § 2, Clôture, p. 12.)	(Suivent les signatures, V. Protocole des actes, p. 12.)

CHAPITRE DEUXIÈME. — TRANSCRIPTION D'ACTE DE DÉCÈS.

1° Pour les jugements de rectification d'acte de décès. — 857 C. P. C.
2° Pour les décès arrivés hors de la commune du dernier domicile du défunt.. — 80, 94 C. N.
3° Pour les décès dans les hôpitaux et autres maisons publiques. — 80, 94 C. N.
4° Pour les décès par suite de mort violente. 82 C. N.
5° Pour les décès dans les prisons, maisons de réclusion ou de détention.— 80, 94 C. N.
6° Pour les décès par suite d'exécution. — 83 C. N.
7° Pour les décès arrivés en mer. — 87 C. N.
8° Enfin, pour les décès des militaires hors de l'empire. — 96 C. N.
(V. IVe partie, chapitre 1er, Protocole des actes; n. 5, Acte de transcription, p. 13.)

CHAPITRE TROISIÈME. — PERMIS D'INHUMATION.

LOI QUI PRESCRIT LA FORMALITÉ	LOI QUI PUNIT L'OMISSION	INDICATION SOMMAIRE DES FORMALITÉS	FORMULE
Arg. 77, 78, 80, 82, 83, 84 C. N.		1° OFFICIER DE L'ÉTAT CIVIL. L'officier de l'état civil sera celui de la commune où le décès a eu lieu. (Pour le surplus, V. le Protocole des actes, § 1er, Intitulé, p. 8.)	*Nous* ... (V. le Protocole des actes, p. 8.)
77 C. N.		2° CONSTATATION DU DÉCÈS. Transport de l'officier de l'état civil auprès du corps du décédé.	*après nous être transporté auprès du corps de M.*
		Dénomination de la personne décédée :	
79 C. N.		prénom,	*Maurice*
Id.		nom,	*P...*
Id.		âge,	*âgé de ... ans,*
Id.		profession,	*tanneur,*
Id.		domicile,	*demeurant en la commune*
		commune ou ville,	(ou ville) *de* ...,
		hameau ou rue,	*au hameau de* ... (ou rue ...),

LOI QUI PRESCRIT LA FORMALITÉ	LOI QUI PUNIT L'OMISSION	INDICATION SOMMAIRE DES FORMALITÉS	FORMULE
		maison ou n°. Lieu du décès : commune, domicile,	*dans le domaine de* … (ou n° …), *décédé* *en cette commune,* *en son domicile,* ou au domicile de M. …, ou à l'hospice de …,
42 C. N.	50 C. N.	Date du décès (en toutes lettres) : jour, heure.	*le … du mois de … courant* (ou dernier), *à … heures du matin* (ou du soir)
		3° PERMIS D'INHUMATION. Pour quel jour ? Pour quelle heure ? Ce sera vingt-quatre heures au moins après le décès	*autorisons son inhumation aujourd'hui* (ou demain), *après l'heure de … du matin* (ou du soir),
Déc. 23 prairial an XII, art. 14.		Dans quel lieu ? Ce sera dans le cimetière public de la commune, à moins d'autorisation expresse d'inhumer dans une propriété particulière, située sur le territoire de la même commune.	*dans le cimetière public de notre commune,* ou dans une propriété particulière sise lieu dit …, territoire de notre commune, et désignée dans l'autorisation spéciale délivrée par nous.
Circ. min. int. 10 mars 1856.		L'autorisation d'inhumer dans une autre commune doit être délivrée par le sous-préfet lorsque la commune du décès et celle de l'inhumation font partie du même arrondissement ; par le préfet lorsque, ne faisant pas partie du même arrondissement, elles dépendent du même département ; et enfin par le ministre, lorsqu'elles appartiennent à deux départements distincts.	
42 C. N.	Id.	4° CLÔTURE DU PERMIS. Date : lieu, jour (en toutes lettres), heure.	*Fait* *en notre maison commune, le vingt-deux février mil huit cent soixante-neuf, à dix heures du matin.*
39 C. N.	Id.	5° SIGNATURE DE L'OFFICIER DE L'ÉTAT CIVIL accompagnée du sceau de la mairie. *Le permis d'inhumation doit être délivré sur papier libre et sans frais.*	(Suit la signature de l'officier de l'état civil accompagnée du sceau de la mairie.

INDEX ALPHABÉTIQUE.

DIJON. — IMPRIMERIE J.-E. RABUTÔT.

www.ingramcontent.com/pod-product-compliance
Ingram Content Group UK Ltd.
Pitfield, Milton Keynes, MK11 3LW, UK
UKHW022123260726
13993UKWH00003B/1196